Mittelalterliche Bohlentüren im Raum Brandenburg

Mittelalterliche Bohlentüren im Raum Brandenburg

Brandenburgisches Landesamt für Denkmalpflege
und Archäologisches Landesmuseum (Hrsg.)

Jörg Spatzier

Mittelalterliche Bohlentüren im Raum Brandenburg

Eine baugeschichtliche und technologische Untersuchung

hendrik **Bäßler** verlag · berlin

Arbeitsheft des Brandenburgischen Landesamtes für Denkmalpflege und Archäologischen Landesmuseums Nr. 58 (2020)

Herausgeber:
Brandenburgisches Landesamt für Denkmalpflege und Archäologisches Landesmuseum
Landeskonservator Prof. Dr. Thomas Drachenberg
Wünsdorfer Platz 4–5 · D-15806 Zossen

Der hier vorliegende Text beruht auf der Masterarbeit des Autors zum Thema: „Mittelalterliche Holzbohlentüren im Raum Brandenburg – Eine baugeschichtliche und technologische Untersuchung", eingereicht an der Europa-Universität VIADRINA Frankfurt/Oder, Lehrstuhl für Denkmalkunde – Masterstudiengang Schutz Europäischer Kulturgüter

Titelabbildung: Portal der Dorfkirche Falkenhain
Titelabbildungen hinten: Dorfkirche Göllnitz: Kegelförmige Nutgeometrie im Altholz (oben) und experimentell gezogene Nut in Neuholz

Die Deutsche Nationalbibliothek verzeichnet diese Publikation in der Deutschen Nationalbibliografie; detaillierte bibliografische Daten sind im Internet unter http://dnb.d-nb.de abrufbar.

© 2020 hendrik Bäßler verlag · berlin
Fon: 030.240 858 56 · Fax: 030.24 926 53
E-Mail: info@baesslerverlag.de · Internet: www.baesslerverlag.de
1. Auflage 2020

Satz und Umschlaggestaltung: Hendrik Bäßler, Berlin
Druck und Verarbeitung: JSC KOPA, Vilnius
ISBN 978-3-945880-60-9

Inhalt

Vorwort

Der Eingang in ein Kirchengebäude kann schlicht sein, ja vielleicht muss man sich sogar bücken und die Tür ist nicht leichtgängig... Man spürt aber immer den Übergang von außen in einen sakralen Innenraum – physisch und auch athmosphärisch. Der Eingang kann aber auch ein repräsentatives Portal mit reich geschmückter Tür sein, das den Übergang in den Innenraum förmlich zelebriert. In Vorfreude auf das unbekannte Innere bzw. aus lauter Gewohnheit vergessen wir oft, diesen Übergang zu würdigen.

In vielen der mittelalterlichen Kirchenbauten erfüllen die Türen bis heute ihre ursprüngliche Funktion, da sie solide aus Holzbohlen gefügt und mit häufig gestalteten Beschlägen verstärkt sind. Sie waren bisher nicht Gegenstand einer übergeordneten Betrachtung.

Dieses Forschungsdesiderat hat Jörg Spatzier mit seiner Masterarbeit, die er an der Europauniversität Viadrina in Frankfurt an der Oder im Jahr 2018 vorlegte, für den brandenburgischen Bereich weitgehend geschlossen. Wir sind daher froh, diese Arbeit in der Reihe unserer Arbeitshefte publizieren und damit der interessierten Öffentlichkeit zur Verfügung stellen zu können.

Der Autor hat eine umfangreiche Materialsammlung angelegt und ausgewertet, die der Katalog sehr anschaulich abbildet. Er geht dabei als Restaurator im Tischlerhandwerk von der hölzernen Substanz der Türen aus und analysiert anhand seiner handwerklichen Erfahrungen mit großer Sachkunde die heute noch ablesbaren Bearbeitungsspuren. Dadurch entsteht eine Informationsdichte zu den Handwerkstechniken früherer Zeiten, die mit ihren Gemeinsamkeiten und Unterschieden jetzt gut vergleichbar sind.

Darüber hinaus entstehen systematische Datierungshilfen und für künftige Reparaturen und Restaurierungen werden bisher unbekannte Informationen bereitgestellt, die jetzt gut verglichen werden können. Die Arbeit erhellt die Bedeutung der Türen im mittelalterlichen Bestand der Kirchenbauten.

Dies erhöht die Chance, dass bei künftigen Reparaturen, Konservierungen und Restaurierungen diese Zeugnisse mittelalterlicher Handwerkskunst besser *in situ* bewahrt werden können.

Ich danke dem Autor für seine immense fachkompetente Arbeit. Meinem Kollegen Herrn Dr. Georg Frank verdanken wir das Lektorat, das er über seine Verpflichtung als Dezernatsleiter hinaus übernommen hat. Die fachliche Beratung übernahmen darüber hinaus Dipl. Rest. Mechthild Noll-Minor. Die qualitätvolle Edition besorgte in gewohnter Weise der hendrik Bäßler verlag · berlin. Allen sei an dieser Stelle ausdrücklich gedankt.

Wir wünschen diesem Heft sowohl neugierige Leserinnen und Leser als auch die Langlebigkeit eines Nachschlagewerkes.

Prof. Dr. *Thomas Drachenberg*
Landeskonservator

Eingangsbereiche als Inszenierung

Eingangsbereiche stellen bewusst inszenierte Eingangszonen dar, die klare Funktionen erfüllen. Neben den rein trennenden, zugleich aber auch verbindenden Aufgaben tragen sie, allein aufgrund ihrer Ausrichtung eine Aussagekraft in sich.

Das Portal mit seiner Tür trennt zwischen Innen und Außen, Wärme und Kälte, Licht und Schatten, geschützt sein und ungeschützt sein und anderen Gegensätzlichkeiten. Bei den Portalen sakraler Bauwerke kommen weitere wesentliche dazu: *„zwischen weltlicher Ordnung und göttlicher Ordnung, zwischen Alltag und wiederkehrendem Paradies.“*[1] Außen *„gelten Gesetz und Tod, innen Rettung und Erlösung.“*[2] Zur Vermittlung dieser Botschaften an die Gläubigen wurde eine *„komplexe Raumsequenz“*[3] inszeniert. Die Eingangssituation vermittelt *„ein erstes Bild von der Zweckbestimmung und der Bedeutung des Bauwerks“*[4]. Mit dem Begehen dieser Eingangssequenz begibt man sich in einen Raum, der sowohl physischer, als auch psychischer Natur ist. Der so konstruierte Raum übernimmt *„die Aufgabe, das Verhalten der Menschen auf ganz bestimmte Weise zu beeinflussen und in eine geplante Richtung zu lenken.“*[5] Er bereitet den Gläubigen psychisch auf das im Inneren Stattfindende vor. Zu diesem Zweck muss sich *„die Architektur [also letztlich die Inszenierung] entlang der Eingangszone einengen und verdichten“*[6] und somit steigende Spannung aufbauen. *„Das wird nicht nur durch die bauliche Qualität des Gebäudes erläutert, sondern auch durch die benutzen Details.“*[7]

Im weiteren Verlauf erscheint beim Begehen der Erschließungsachse das Türblatt zunächst als Hindernis, wodurch ein schnelles Hineintreten in den Ereignisraum verzögert wird. Der Bewegungsfluss wird durch die Tür *„unterbrochen, gleichzeitig aber auch verstärkt, da hier enorme Gegensätze aufeinander stoßen.“*[8] Die Spannung wird erhöht, zwingt den Besucher zu einer Pause, zum Innehalten und zum Betrachten der Portalsituation, sowie einer bewussten körperlichen Handlung, dem Öffnen der Tür. Diese Barriere *„soll den Besucher motivieren, dem weiteren Weg zum Ziel erwartungsvoll entgegenzutreten.“*[9] *„Denn wer durch diese Tür schritt, wechselte aus der weltlichen Ordnung in die göttliche und durfte sich Hoffnung auf die rettende Liebe Gottes machen. Vor allem an* *Kathedralen und großen Stadtkirchen ließ diese Heilsbotschaft eindrucksvolle Portalprogramme entstehen.“*[10] Die an Großkirchen flächendeckend auftretenden und aufwändig gestalteten Bildprogramme waren verständlich und konnten durch den mittelalterlichen Menschen gelesen werden.

Vor diesem Hintergrund stellt sich die Frage, wie man der Landbevölkerung an den Portalen der kleinen Kirchen gezielt Informationen zukommen lassen konnte. Dabei muss berücksichtigt werden, dass nicht nur begrenzte finanzielle Möglichkeiten eine entscheidende Rolle spielten, sondern auch die zur Verfügung stehenden Flächen an den Bauwerken für eine aufwändige Gestaltung oft nicht vorhanden waren, um den gewünschten Effekt beim Betrachter zu erzielen. Man musste sich auf die zur Verfügung stehenden Ressourcen beschränken.

Um das eigentliche Portal, den Übergang vom Irdischen zum Überirdischen, an diesen Bauwerken ausfindig zu machen, gilt es zu ergründen, wo sich der Höhepunkt einer solchen Inszenierung befindet. Möchte man diesen Punkt an einer mittelalterlichen Dorfkirche verorten, muss das Zentrum der verdichteten und eingeengten Architektur ausfindig gemacht werden.

Das soll hier am Beispiel der Kirche Friedersdorf bei Bad Liebenwerda im Süden Brandenburgs auf ganz persönliche Art gezeigt werden.

Zuerst nimmt man den, für den ländlichen Raum gewaltigen Kirchenbau mit ungequadertem Feldsteinsockel, darüber ein massives Mauerwerk aus braunem Raseneisenstein[11], und ein mächtig wirkendes Turmbauwerk wahr. Beeindruckt von der Architektur betritt der Besucher den inszenierten Schwellenraum. Man begibt sich in die Raumsequenz und bewegt sich entlang der Erschließungsachse auf das eigentliche Portal zu. Dabei wirkt beim Begehen dieser Achse das über die Dachhaut ragende, dunkelbraune Mauerwerk wie eine Art Ziergiebel. Mit dem Weg zur Kirche erkennt man zunehmend die hellen, gleichmäßigen Fugen des sauber gefügten Mauerwerks und im Weiteren Öffnungen in den Wandflächen[12]. Andere Wandflächen besaßen möglicherweise keinen Öffnungen. Die Architektur steuert den Besucher

Abb. 1: Die Kirche Friedersdorf (Kat. 13, 14) bei Bad Liebenwerda im Süden Brandenburgs

zu der Fassade mit den hochgelegenen Fenstern[13], an dessen Ende ihm die schlicht und ohne Tympanon gestaltete Portalumrahmung ins Auge fällt.[14]

Durch diese – im Vergleich zur Größe des Bauwerks – kleine Öffnung kann die Kirche begangen werden. Es handelt sich hier also um eine Verengung als gestalterisches und architektonisches Instrument. Bei der Annäherung präsentieren sich weitere Details am Baukörper und am Eingang, zum Beispiel die Portalumrahmung mit ihrer regelmäßigen Gestaltung mit Schlussstein. Der Besucher steht nun vor einem reich gestalteten Türblatt, sodass sich die Architektur hier stark verdichtet und verengt. Ihm kommt, neben den Eigenschaften eines physischen Schutzraumes, gerade beim schlichten, ländlichen Kirchenbau die Aufgabe als psychische Barriere beim Übertritt in einen anderen Raum zu. *„Besonders wenn bei* [der Ausstattung der Eingangsportale] *ein Tympanon fehlte, war es hier anscheinend die Aufgabe des Türbeschlages,*

vornehmlich durch die Sprache von Symbolen die Botschaft von der Rettung anzuzeigen.“[15]

Wie auf dem Türblatt der Kirche Friedersdorf-Rückersdorf, finden sich auch auf anderen Türblättern Darstellungen verschiedener Themen. Hierzu wurde das kostspielige Material Eisen in kunstvolle, abstrakte, hauptsächlich jedoch symbolträchtige Formen geschmiedet. Sie zeigen vielerorts eine C-Form, die der Form des lateinischen Buchstabens entlehnt sein kann[16]. Zusätzlich, so stellt Graf fest, *„fallen an den Beschlägen nicht selten Beziehungen zur christlichen Symbolik auf, die man freilich öfters erst bei zweitem Hinsehen wahrnimmt. So enden in Nordwestsachsen* [aber nicht nur dort, sondern auch vielfach in der Niederlausitz[17]] *die C-Formen gewöhnlich in Drachenköpfen und können damit verhüllt auf den Teufel verweisen“*[18].

Es treten gehäuft Tiersymbole[19] auf, die dem Physiologus[20], *„jene aus der Spätantike stammende und während des* *ganzen Mittelalters viel rezipierte und reflektierte Schrift*"[21], entlehnt sein sollen. Nach Grafs Auffassung steht das Aufnageln der Beschläge in Form eines Drachen- oder Schlangenkopfes am Türblatt für das symbolhafte Festsetzen des Teufels. Diese Beschläge und deren Befestigungen sollen demnach *„nicht als Schutz gegen die von ihm ausgehende Bedrohung* [verstanden werden]*, sondern signalisieren – auch dem Teufel selbst – eigentlich seine Besiegbarkeit.*"[22] Er merkt an, *„daß wir es bei den Beschlägen mit einer den Zeitgenossen verständlichen Bildsprache zu tun haben*"[23], die möglicherweise auch zahlenallegorische Prägungen in sich tragen[24]. Offenbar wurden den Gläubigen Informationen übermittelt, die sich uns heute nicht mehr ohne Weiteres erschließen.

Zur Vermittlung des Inhaltes der Beschlaggestaltung an den Betrachter bediente man sich auch der eintönig und flach wirkenden Flächen durch die Verwendung verschiedener Hölzer[25] mit unterschiedlich gut ausgeführten Oberflächenqualitäten und kunstvoll gearbeiteten, eisernen Beschlägen. Einige Türblätter wurden vollständig mit Pergament[26] oder Leder[27] bespannt, Beschläge mit Stoff[28] unterlegt, um die zu transportierende Information zu unterstreichen.

Um ein solch komplexes und qualitätvolles Türblatt letztlich produzieren zu können, mussten die technischen Voraussetzungen, großes Geschick zur Herstellung sowie die Materialien selbst in hoher Güte vorhanden gewesen sein. Die Materialbeherrschung setze ein gewisses Niveau der Kenntnisse um Materialeigenschaften und Verarbeitungsmöglichkeiten voraus.

Die folgenden Kapitel sollen einen Überblick über die Materialität und die Herstellungsweisen der Türblätter geben.

Die mittelalterlichen Bohlentüren im Raum Brandenburg

Die vorliegenden Untersuchungen, mit dem sich anschließenden Objektkatalog erweisen sich als reicher, weitestgehend unerschlossener Forschungsgegenstand und sollen als Grundlage für weiterführende Untersuchungen verstanden werden. Sie sollen neugierig auf das „Profane" machen, und dabei zum Nachdenken und Innehalten bei der Betrachtung eines scheinbar nachrangigen Objektes anregen.

Zunächst kann das Thema, allgemein betrachtet, die Frage aufwerfen, welche Aufgabe eine Tür innerhalb eines Portals oder im Erlebnis des Eintretens erfüllt. Das mag den Blick auf Einbausituation oder Schwellenfunktion und deren Bedeutungen lenken. Hierbei wird klar, dass „mittelalterliche Bohlentüren" vielschichtig verstanden werden müssen. Hinter ihrem altertümlich groben Erscheinungsbild verstecken sich historische, psychologische und technologische Aspekte. Es geht nicht allein um eine hölzerne Tafel, die eine Mauerwerksöffnung verschließt. Vielmehr machen beispielsweise Konstruktionstechniken und körperlich angegliederte Baugruppen wie Beschläge diese Tafel erst zu einem Türblatt und somit zu einem spezifischen Element, das das Drinnen vom Draußen trennt.

Es ist anzunehmen, dass die noch vorhandenen mittelalterlichen Bohlentüren im baugeschichtlichen Kontext bauzeitliche Relikte sind, was sie besonders wertvoll macht. Die vorliegenden Ausführungen sollen durch die zusammengetragenen Erkenntnisse einer eingehenden technologischen Untersuchung die baugeschichtliche Erforschung des jeweiligen Gebäudes bereichern und abrunden. Überdies verdeutlicht ein vergleichender Blick auf die Vielzahl der Objekte in der erfassten Region deren kunsthistorische Bedeutung.[29]

Im ersten Teil des Buches werden allgemeine Betrachtungen zu den Funktionen von Türblättern in Portalen angestellt. Dabei wird herausgearbeitet, welche Aufgaben ein Türblatt erfüllt. Bricht man bei dieser Überlegung die Zweckbestimmung von Portalen mit ihren integrierten Türblättern auf ihre Grundfunktionen herunter, treten zwei Aufgabenfelder in den Vordergrund: Schutz und Kommunikation. Die beiden Begriffe betitelt Daniela Filipovits-Flasch in ihrer Dissertation[30] als physisches und psychisches Portal. Sie zergliedert die Eingangszonen in Teilbereiche und analysiert unterschiedliche Gegebenheiten der Eingangszone. Dabei beschreibt sie anhand von Beispielen sowohl die physische als auch die psychische Komponente eines Portals in verschiedenen Regionen der Erde unter unterschiedlichen, auch religiösen Blickwinkeln. Sie stellt fest, dass die Anlage und Gestaltung einer Eingangszone zum Ziel hat *„die Menschen auf die vorliegende Situation vorzubereiten, ihr Verhalten in eine ganz bestimmte Richtung zu lenken, schließlich auf das Bewusstsein des Eintretens Einfluss zu nehmen."*[31]

In den daran anschließenden Kapiteln wird auf technologische Aspekte, Bauweisen und Materialien eingegangen. Zunächst werden grundlegende Eigenschaften von Holz erläutert, die, wenn auch nicht vollständig in einem Werk, in der Literatur[32] vorliegen.

Hier werden unterschiedliche Methoden der Herstellung von Brett- und Bohlenwaren[33] mit unterschiedlichen Methoden vorgestellt. Dabei ist Finsterbusch[34] für die Herstellung von Sägebrettern zu nennen. Danhelovsky[35] und Steward[36] treten für die Beschreibung der Brettherstellung durch Spalten in den Vordergrund.

Daran anschließend widmet sich ein Teilgebiet mit mehreren Abschnitten der Oberflächenveredelung und den Holzverbindungen. Diese werden erläutert und anhand verwendeter Werkzeuge vorgestellt. Daraus resultierende Arbeitsspuren sind bildlich dargestellt. Zusätzlich werden spezifische Eigenarten, die an den Türen im Untersuchungsgebiet zu unterschiedlichen Zeiten angewendet wurden, bewertet und aufgrund von Übereinstimmungen zu den dendrochronologischen Untersuchungsergebnissen von Bauer[37] zeitlich eingeordnet. Diese Untersuchungen führte Bauer an zehn mittelalterlichen Türen der Klosterkirche zu Maulbronn durch. Eine räumliche Nähe zum hier bearbeiteten Forschungsgegenstand ist nicht gegeben, was keine direkten Rückschlüsse auf eine Datierung zulässt. Bauer beobachtet jedoch verschiedenartige Konstruktionen und setzt sie mit den Erkenntnissen aus den dendrochronologischen Ergebnissen in einen zeitlichen Zusammenhang, was dann wiederum eine Einstufung ermöglicht.

Wesentlichen Raum nimmt das Themengebiet der Beschläge ein. Es ist eine inhaltliche Trennung in Funktionsbeschläge und Flächenbeschläge notwendig, um die Übersichtlichkeit zu wahren. Im Kapitel der Funktionsbeschläge werden gleichartige, besondere und auffällige Beschläge bildlich vorgestellt[38] und Einzigartigkeiten erläutert. Hierbei konnte Schulmeyer[39] helfen, sich die schmiedeseitigen Bearbeitungsmethoden zu erarbeiten. Schreber[40] bot durch sein Werk die Möglichkeit, tradierte Begrifflichkeiten und zunftbedingte Arbeitsweisen zu verstehen.

Die Erkenntnisse sollen zu einem besseren Verständnis, sowohl der Technik, als auch der komplexen Ausführung beitragen. Eigene Beobachtungen finden ebenso Einzug in dieses Kapitel, wie Anhaltspunkte einer möglichen zeitlichen Einstufung, die anhand verschiedener Literaturen belegt werden[41]. Agthe ermöglicht in diesem Zusammenhang einen umfangreichen, nahezu lexikalischen Einblick in baugeschichtliche Daten der Kirchen des Hauptuntersuchungsraumes[42], der wertvolle Erkenntnisse und Zusammenhänge offen legt.

Die Komplexität der Flächenbeschläge mancher untersuchten Türen erforderte, diese in einem eigenen Kapitel zu behandeln. Hier wurden neben den rein technischen Spezifika auch auf Aspekte ihrer Aussage, der Wirkung auf den Betrachter und ein mögliches Narrativ eingegangen. In diesem Zusammenhang ist Gerhard Graf zu nennen, der sich in seiner Funktion als Professor, Theologe und Kirchenhistoriker am Institut für Kirchengeschichte an der Universität Leipzig auch mit der Aussage von Beschlägen an Türen dieser Altersgruppe und den Hintergründen dazu auseinandersetzte. Zu diesem Themengebiet hat er mehrere Aufsätze publiziert, wobei er nach eigener Aussage[43] in seiner Publikation aus dem Jahr 2016 die Erkenntnisse zusammenfassend darlegt[44]. Seine Überlegungen sind als grundlegend für den in dieser Arbeit aufgezeigten Ansatz und die darin dargelegte Interpretation zu verstehen. Die Anregungen Graf's brachten es mit sich, dass eine erweiterte Sichtweise den Blick auf andere Themenfelder freigab. Dieser wesentliche Denkanstoß führte dazu, auch diese Komponente in die Forschung einfließen zu lassen. Graf merkte an, dass es sich bei seinen Untersuchungen um einen Zwischenbericht handelt, an den der Autor mit weiteren Ausführungen anknüpfen möchte.

Im letzten Teil werden die Türblätter zur vereinfachenden Arbeit übersichtlich in einem Katalog präsentiert.[45]

Mit dem Eintauchen in das Thema wurde dem Autor immer wieder bewusst, dass wichtige Teile menschlicher Schaffenskraft und technischer Innovationen mit bedeutenden regionalen Komponenten, drohen für immer verloren zu gehen. Bei den Untersuchungen konnte festgestellt werden, dass einige Türen, die in Inventarbüchern[46] des 19. Jahrhunderts aufgeführt sind, nicht mehr oder nur noch in desolatem Zustand vorzufinden waren[47]. Aufgrund der verwendeten vergänglichen Materialien Holz und Metall aber auch aufgrund von Umwelteinflüssen schreiten Zersetzungsprozesse[48] unaufhaltsam voran. Viele Türblätter wurden erneuert, überformt oder vollständig ersetzt. Heute sind nur noch wenige in authentischem Zustand anzutreffen. Der Verlust wesentlicher Merkmale von Ausführung und Sinngehalt der Türgestaltung, aber auch die bauzeitliche Anordnung der Beschläge[49] oder gar der vollständige Verlust gehen mit den Überformungen und dem heute ebenso vorhandenen Erneuerungsdrang einher. *„Die Gründe hierfür sind zum einen Unkenntnis in Bezug auf die genaue Datierung der Objekte, als auch Unkenntnis über die Wertigkeit der Türen in Bezug auf die hohe Kunstfertigkeit ihrer Herstellungstechnik.“*[50]

Der hier vorgestellte Forschungsgegenstand ist in der Literatur kaum belegt. Einige kurze textliche Hinweise finden sich beispielhaft bei Dehio[51] oder in bildlicher Form in Inventarbüchern[52]. Diese, dort lediglich skizzenhaft erfassten Türblätter, finden aufgrund der Ausgestaltung des Beschlagwerks kurze Erwähnung in der Literatur. Technologische Aspekte sowohl der holz- als auch der metalltechnischen Bearbeitung lassen ebenso Fragen offen, wie ikonographische Betrachtungen.

Eine umfassende Untersuchung dieser Türblätter erscheint dem Autor zum jetzigen Zeitpunkt angezeigt, da ein Ungleichgewicht bei der Forschung über die Portalsituationen selbst vorzuliegen scheint. In kunstgeschichtlichen Abhandlungen wird Portalen mit ihren Bildprogrammen eingehend Beachtung geschenkt. Ebenso verhält es sich mit einer Reihe von ikonographisch gestalteten Bronzetüren. *„Gemessen an anderen Arbeitsgebieten der Mittelalterforschung findet die vorliegend angesprochene Thematik* [der mittelalterlichen Beschläge und Bohlentüren im Allgemeinen] *eher wenig Aufmerksamkeit.“*[53]

Die Gesamtheit dieser Fragestellungen hat schließlich dazu geführt, die vorliegende Arbeit zu erstellen. Zu Beginn ist der Autor von wenigen erhaltenen Türen ausgegangen. Im Laufe der Untersuchungen konnten jedoch 47 Exemplare, auch durch Begleitkontakte zu Anwohnern, Kirchenältesten und Pfarrern ausfindig gemacht werden. Dieser glückliche Umstand hat jedoch dazu geführt, dass nicht alle dokumentierten Türblätter Eingang in die Ausführungen finden konnten und nur einige herausragende Beispiele betrachtet wurden. Aufgrund der Vielzahl und vorrangig des hohen Wertes der Türen waren Probeentnahmen für dendrochronologische Untersuchungen und Farbuntersuchungen in Abstimmung mit dem Brandenburgischen Landesamt für Denkmalpflege und Archäologisches Landesmuseum nicht möglich. Somit war es geboten sich auf visuelle Untersuchungen zu beschränken.

Die Arbeit hat dokumentarischen Charakter und soll, da kaum umfassende wissenschaftliche Betrachtungen zum Thema vorliegen, als Grundlage zu weiterführenden Forschungen genutzt werden können. Die vorgefundenen Türexemplare wurden eingehend technologisch beurteilt und dokumentiert. Dabei wird deutlich, dass hölzerne Türblätter mit ihren Beschlägen als Einheit zu verstehen sind und viele Funktionen besitzen.

Abschließend wird im Katalogteil über technische Gegebenheiten informiert, auf Besonderheiten hingewiesen und neben der zeitlichen Einordnung auch die verwendete Literatur zum jeweiligen Türblatt angegeben, um dem Leser unkompliziert die Möglichkeit zu erweiterter Lektüre zu bieten.[54] Es konnten 47 Türen im Untersuchungsraum ausfindig gemacht und in Augenschein genommen werden. Alle diese, zum Teil 800 Jahre alten, Türen sind in Benutzung und geben Zeugnis von der Qualität ihrer Ausführung. Sie sind ein Beleg dafür, dass regelmäßiger Gebrauch einer Sache nicht zwingend zu Zerstörung oder Verlust führt. Vielmehr mahnen sie zum pfleglichen, schätzenswerten Umgang. Insgesamt stellt sich der Erhaltungszustand der Objekte, bis auf wenige Ausnahmen, als erstaunlich gut dar. Dass die Türen und Portale in den Kirchen interessante, vielschichtige Untersuchungsobjekte sind, *„beweist die sich in der Tür äußernde Kunst nach den verschiedensten Seiten hin, in der Komposition der Gesamttür, in [...] dem Geschick, mit dem jedesmal eine Szene dem für sie bestimmten Feld eingepasst ist, in der Lebendigkeit, mit der auf kleinstem Raum* *und mit einfachsten Mitteln die Erzählung individualisiert ist.“*[55]

Das mag auch an der Auswahl und Verarbeitung der verwendeten Hölzer liegen. Mit großem Geschick, körperlichem Einsatz und immensem Wissen wurden aus Rundhölzern Bretter und Bohlen gewonnen. Eine entscheidende Rolle spielte hierbei auch der Einsatz der sich stetig entwickelnden Werkzeuge. Ihre markanten Arbeitsspuren können heute an den erhaltenen Türblättern gelesen werden. Mit diesen Werkzeugen sind Fügungen und Holzverbindungen hergestellt worden, die oftmals überlegt und sauber gearbeitet sind. Die so gewonnene Grundplatte wurde dann mit aufgebrachten Leisten und Beschlägen zu einer beweglichen Tür vereinigt.

Im Laufe der Untersuchungen konnte eine sehr haltbare, anscheinend weit verbreitete[56], jedoch aus dem Gedächtnis der Hersteller verschollen gegangene Fugenausbildung – man kann fast von einer Holzverbindung sprechen – wiederentdeckt werden, die ab Seite 34 eingehend behandelt wird.

Die Oberflächen der Türblätter wurden in verschiedenen Qualitäten ausgeführt. Es fanden sich hoch vergütete Oberflächen, die mit unterschiedlichen Werkzeugen in komplexen Arbeitsgängen bearbeitet wurden, aber auch eine ganze Reihe von nur sparsam und roh bearbeiteten Objekten. Aufgrund dieser augenscheinlichen Gegensätze drängt sich die Frage auf, warum die Handwerker und ihre Auftraggeber nur geringen Wert auf sauber zugerichtete Oberflächen legten, obwohl die Werkzeuge dazu vorhanden waren. Auf die so vorbereiteten Flächen wurden die Beschläge oftmals mit viel Geschick aufgebracht oder eingelassen.

Qualitativ hochwertige und detailreich gestaltete Beschläge fanden sich ebenso, wie grob bearbeitete. Die Bemühungen die Türen stabiler gegen unbefugtes Öffnen zu machen, lassen sich gut nachvollziehen. Der Weg dahin führte über den Einsatz von Sperrbalken, Schubriegeln, Aushebelsicherungen, bis hin zu ausgeklügelten Schlössern mit und ohne Schlüssellochabdeckungen. Ähnliche Konstruktionen sind aus dem Möbelbau des Mittelalters bekannt. Die Riegel der Schlösser wurden durch zusätzlich montierte Stegbleche geschützt.

Bei all diesen Bauteilen stechen die erhaltenen, archaisch wirkenden Balkenschlösser heraus. Sie sind bisher wissenschaftlich nicht genauer behandelt worden. Die

Untersuchungsergebnisse legen den Schluss nahe, dass diese Art Schlösser – vergleichbar in Konstruktion und Aussehen – in spezialisierten Handwerksbetrieben gefertigt und als Standardprodukt weiträumig gehandelt wurden. Beeindruckend deutlich wird diese Vermutung durch das Vorhandensein eines nachgewiesenen, querliegenden Balkenschlosses. Offenbar ist die Weitergabe von Wissen, über Bauteile und Techniken, nicht ausschließlich regional erfolgt und sollte im europäischen Kontext gelesen werden, wie sich auch an einigen Bandkonstruktionen gut nachvollziehen lässt. Hier zeigen die Untersuchungen, dass neben den gebräuchlichen Langbändern auch neue, möglicherweise durch die Ostsiedlung wissenstransferierte Konstruktionen übernommen und weiterentwickelt wurden. Dazu sei zum einen auf das *flämische Band* z. B. an der Kirche St. Marien zu Bernau oder in Werenzhain bei Doberlug-Kirchhain und zum anderen auf die, für damalige Zeit hochinnovativen, innen liegenden Bänder der Kirchentüren in St. Gotthardt zu Brandenburg an der Havel hingewiesen. Schmitz erfasste 1905 zeichnerisch eine sehr ähnliche Konstruktionsform für eine romanische Tür in der Bartholomäuskapelle in Paderborn[57], was auch ein Beleg für einen weiträumigen Transfer von Wissen zu sein scheint. Selbst die Befestigungsart der Bänder, mit offensichtlich markanten Nägeln, ist dort so dargestellt, wie sie in St. Gotthardt vorgefunden werden kann. Die vielen Gestaltungsvarianten der Nägel – als würfelartig, diamantschliffartig, oftmals giebelartig oder kreisrund gearbeitete Kopfformen – unterstreichen deutlich die Aussage des Flächenbeschlages.

Diese Flächenbeschläge sind an jeder Tür einzigartig vorgefunden worden. Jeder Beschlag für sich unterliegt einer ganz spezifischen Anordnung und offenbart dabei eine gestalterisch angelegte Kernzone. Bei näherer Betrachtung lassen sich interpretatorisch Themen und komplexe Narrationen aufzeigen. Auffallend war an beinahe allen Beschlägen, dass tierkopfähnliche Endungen wie Hahnen-, Schlangen-, Eidechsen-, respektive Drachenköpfe, zu finden waren. Bezieht man die Ziselierungen der Beschlagfortsätze der Endungen mit ein, erscheint eine Gestaltung als schuppenpanzerbesetzte Echse durchaus plausibel. Welche Aussage die Darstellungen in sich tragen, konnte nicht geklärt werden. Ein Ansatz zur Erklärung wurde diskutiert. Sicher ist, dass ihnen eine erzählerische Funktion inne liegt. Über die regionale Ausbreitung dieser Eigenart kann keine Aus-

sage getroffen werden. Neben den hier nachgewiesenen, gestalteten Endungen im brandenburgischen Raum beschreibt Schmitz, dass im nordrhein-westfälischen[58], im sachsen-anhaltinischen und im thüringischen Raum derartige Endungen zu finden waren[59]. Graf erklärt das Vorhandensein derartiger Darstellungen für den nordwestsächsischen Raum[60].

Klar abgegrenzt werden, muss hiervon jedoch die Verwendung eigenständiger Darstellungen, von Menschen, Vögeln, Eseln, Hirschen oder Fischen. Diese scheinen, wie zu beobachten ist und Graf beschreibt[61], eine weiterführende Symbolik zu beinhalten. Sie können möglicherweise dem *Physiologus* entspringen. Der Kerngedanke bleibt. Es sollten und wurden Informationen an die Gläubigen übermittelt.

Zusammenfassend betrachtet handelt es sich bei mittelalterlichen Bohlentüren um vielschichtige Informationsträger. Jede Tür gibt dabei physische Informationen Preis: die Herstellungsart der Bohlen, das Zusammenfügen zu einer Fläche, das Einarbeiten der Holzverbindung, das Putzen der Oberfläche, die Bearbeitung der Beschläge, die verwendeten Werkzeuge und die daraus resultierende Beschaffenheit der Oberfläche.

Weitere, psychische Informationen lassen sich aus den Beschlägen herauslesen: die Anordnung der Beschläge, deren Ausarbeitung mit unterschiedlichen Tierkopfendungen, die Trennung in verschiedene Informationsebenen, die wiederkehrenden Ornamente oder Gruppen.

Der Vergleich mit Referenzbeispielen, möglichst aus dem Untersuchungsgebiet und untereinander, die Einbeziehung der kirchenbaulichen Geschichte und der zusammengetragenen Ergebnisse lassen Schlüsse auf einen möglichen Entstehungszeitraum zu. Diese erarbeiteten Informationen machen das Türblatt mit allen dazugehörigen Baugruppen in der Gesamtbewertung einer Portalsituation zu einem überaus bereichernden Element. Sie können Erkenntnisse der Bauforschung erweitern, abrunden und helfen die Funktion eines Portals klarer und eindeutiger zu lesen.

Der Untersuchungsraum

Der geographische Untersuchungsraum entspricht annähernd dem Gebiet der Evangelischen Kirche Berlin-Brandenburg-schlesische Oberlausitz (EKBO) und er-

Abb. 2: Untersuchungsraum mit den Standorten der untersuchten Objekte

streckt sich von der Altmark, dem Jerichower Land über den weiter gefassten Berliner Bereich, dem Fläming bis in den Hauptuntersuchungsraum in der Niederlausitz. Dem Inhalt der Kunstguterfassungsdatenbank der Evangelischen Kirche Berlin-Brandenburg-schlesische Oberlausitz ist es zu verdanken, dass aus einem Bestand

an Daten ein Erfassungszentrum im südlichen Brandenburg herausgearbeitet werden konnte.

Dieses Gebiet der Niederlausitz besiedelten, vor Beginn der mittelalterlichen Ostsiedlung[62] ab der zweiten Hälfte des 12. Jahrhunderts, Slawen[63]. Vom 12. bis ins 14. Jahrhundert hinein waren Teile dieses Gebietes Schauplatz politischer und kriegerischer Auseinandersetzungen, die Territorialabtretungen und damit verbunden auch Herrschaftsverschiebungen nach sich zogen[64]. Im weiteren Verlauf *„wurden die politischen Verhältnisse in der (Nieder-)Lausitz keineswegs stabiler.“*[65] Bis ins 17. Jahrhundert ist dieses Gebiet schließlich durch die Auswirkungen des Dreißigjährigen Krieges und der Pestepidemien nicht zur Ruhe gekommen[66]. Etwas gefestigter stellen sich die kirchlichen Strukturen dar, wenngleich auch hier stetig Ansprüche verschiedener Parteien auf die Gebiete bestanden[67].

Möglicherweise ist es diesen Instabilitäten zu verdanken, dass sich die, zum Teil sehr alten Türen dort erhalten haben, da keine Partei längeren Machteinfluss ausüben konnte und somit Modernisierungsmaßnahmen und Erneuerungsbestrebungen ausblieben.

Die Bearbeitung der Hölzer

Vom Aufbau und den Eigenschaften der Hölzer

Um die unterschiedlichen Spuren auf den Holzoberflächen durch verschiedenartige Bearbeitungsweisen deuten und die Hintergründe verstehen zu können, muss im Folgenden kurz auf die Eigenschaften von Stammholz im Allgemeinen eingegangen werden. Betrachtet man die mitteleuropäischen Hölzer, unterscheidet man grundsätzlich zwei Arten. Zum einen sind es Nadelhölzer und zum anderen Laubhölzer, die im Untersuchungsgebiet zur Herstellung von Türblättern genutzt wurden. Jedes Holz besitzt unterschiedliche Eigenschaften und ein differenziertes Aussehen bei weitestgehend gleichem Aufbau.

Außen befindet sich der Rindenbereich, der aus Borke, der Bast- und der Kambiumschicht besteht. Über die Bastschicht wird das Kambium mit Nährstoffen von den Blättern aus – also von oben nach unten – versorgt. In dieser Wachstumszone wird frische Holzmasse gebildet. Sie besteht aus langgestreckten Holzzellen, die untereinander verbunden und aufgrund ihrer schiffchenartigen Struktur ineinander verfilzt sind.[68] Als nächste Zone schließt das Splintholz an. In diesem Bereich sind Kapillare zu finden, die für den Nährstofftransport zur Baumkrone – also von unten nach oben – verantwortlich sind.[69] Zwischen der Markröhre[70] und dem Splintholz befindet sich in der Regel der Kernholzbereich, der von Markstrahlen durchzogen ist.[71] Sie verlaufen radial vom Splintholz in den

Kernholzbereich hinein und leiten „*Verkernungsstoffe, wie Harze, Fette, Öle, Gerb- und Farbstoffe*"[72] in die Zellen im Stamminneren. Durch die Einlagerung dieser Stoffe und Lignin[73] tritt eine Verkernung ein, die dem Holz Festigkeit verleiht und ausschlaggebend für die Farbgebung des jeweiligen Holzes ist[74].

Holz ist stets bestrebt ein hygroskopisches Gleichgewicht[75] mit den ihm umgebenden Medien (Luft, Boden und Wasser) herzustellen, wodurch Volumen- und Formveränderungen ausgelöst werden. Diese Prozesse werden in *Schwinden* bei Wasserabgabe und *Quellen* bei Wasseraufnahme unterteilt. Ein Holzbrett wird hierbei starken Spannungen ausgesetzt. Es wirft sich, reißt oder wird windschief. „*Diese ungünstigen Eigenschaften des Holzes faßt der Tischler unter dem Begriff* Arbeiten *zusammen.*"[76] Sie lassen sich unmittelbar auf das Vorhandensein von Wasser im Holz zurückführen.

Der stehende Baum ist in der Lage bis zu 30 Prozent gebundenes Wasser in den Zellwänden und 100 Prozent als freies Wasser in den Zellhohlräumen einzulagern.[77] Nach dem Fällen verliert das Holz rasch das freie Wasser, bis der Fasersättigungspunkt[78], der bei etwa 30 Prozent Holzfeuchte liegt, erreicht ist. Ab dem Zeitpunkt des Unterschreitens des Fasersättigungspunktes, verlieren die Zellwände an Volumen, da das dort gebundene Wasser, aufgrund der hygroskopischen Eigenschaften, der Holzmasse entzogen wird. Das Holz beginnt zu *Schwinden*, bis sich bei diesem natürlichen Trocknungsprozess eine Ausgleichsfeuchte von etwa 15 Prozent einstellt.[79] Mit voranschreitender Austrocknung der Zellwände versprödet das Holz zusehends.[80] Dieser Prozess kann bei Wasserzufuhr bis zum Fasersättigungspunkt vollständig umgekehrt werden und wird als *Quellen* bezeichnet. Hierbei nimmt das Volumen des trockenen Holzes in gleichem Maße zu, wie ihm Feuchtigkeit zugeführt wird.

Bei weiterer Betrachtung der Eigenschaften von Holz in Hinblick auf das Arbeitsverhalten unterscheidet man drei Schnittebenen. In jeder dieser Schnittrichtungen ist das Holz dem Arbeitsprozess unterschiedlich stark unterworfen. Schneidet man Holz quer zur Faser, spricht man vom Hirnschnitt. Liegt der Längsschnitt außerhalb der Mitte des Stammes, wird er als Tangentialschnitt be-

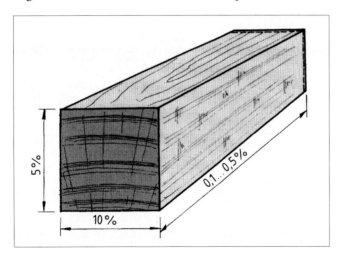

Abb. 3: Schaubild: Holztrocknung und Schnittdarstellung

zeichnet. Wenn der Schnitt von außen Richtung Kern gelegt ist, handelt es sich um den Radialschnitt. Diese Schnittführung wird auch als Spaltschnitt bezeichnet.[81]

Achsial zum Stamm, also im Hirnschnitt, tritt beim *Schwinden* und *Quellen* eine Längenänderung von etwa 0,25 Prozent ein. In Richtung des Tangentialschnittes arbeitet das Holz annähernd 10 Prozent und in radialer Richtung etwa 5 Prozent.

Diese Angaben beziehen sich auf die Längenänderung des Holzes von der Darrtrockenheit[82] bis zum Fasersättigungspunkt.[83]

Die differierenden Werte der Längenänderung haben zur Folge, dass unterschiedlich stark ausgeprägte Arbeitsprozesse im Holz hervorgerufen werden. Ein Brett wird sich den größten Kräften unterwerfend verziehen. Demnach arbeitet ein tangential geschnittenes Brett auf der rechten Seite[84] weniger, als auf der linken.[85] Das hat zur Folge, dass es sich auf der linken Seite stärker verformen wird, als auf der rechten. Es wölbt sich beim Trocknen entsprechend in Richtung der kernabgewandten Seite. Je weiter das Brett vom Kern entfernt geschnitten ist, desto stärker wird es sich verformen.[86] Ist das Brett nah am Kern, also radial geschnitten, wird es weniger arbeiten, da sich die vorgenannten Schwindmaße annähern. Es treten weniger Spannungen auf. Das Kernbrett wird seine Form weitestgehend beibehalten.[87]

Diese unerwünschten Verformungen eines Brettes treten ein, wenn dem Holz Feuchtigkeit zugeführt oder entzogen wird. Setzt man Hölzer in einem klimastabilen Bereich ein, sollten diese Eigenschaften nahezu unterbunden sein[88].

Betrachtet man nun die unterschiedlichen Arbeitsprozesse im Holz, muss man erkennen, dass die Mittelbohle eines Stammes als die wertvollste angesehen werden kann, da sie sich am wenigsten verziehen wird.[89] Lediglich der Kernbereich dieser Bretter weist radiale und tangentiale Schnittebenen auf engstem Raum auf, wodurch er starken Spannungen ausgesetzt ist. Sie führen zum Aufreißen des Holzes in dieser Zone, weshalb es für Tischlerarbeiten nicht verwendet wird.

Die beschriebenen Eigenschaften der Hölzer hatten zur Folge, dass das holzverarbeitende Gewerbe über Jahrhunderte hinweg Regeln zur Holzauswahl, für die Verwendung und Verarbeitung entwickelte, die noch heute Gültigkeit besitzen.[90] Sie wurden weitestgehend mündlich überliefert. Ab dem 18. Jahrhundert erschien eine Reihe von Aufsätzen verschiedener Autoren, die

zur *„wissenschaftlichen Erforschung der Eigenschaften des Holzes"*[91] beitrugen. Bereits David Gilly beobachtete in seiner Funktion als *Königlicher geheimer Oberbaurat* die Handwerke und beschrieb diese in seinem Werk „Handbuch der Landbaukunst" von 1798 sehr genau. Er hielt sowohl die Arbeitsweisen, als auch die Hintergründe der Techniken und die Kenntnisse unterschiedlicher Gewerke fest, ohne dabei auf holzanatomische Merkmale einzugehen. Für die Veredelung des Rohholzes vermerkte er beispielsweise, dass die Stämme nass zu Brettern geschnitten wurden.

Wissenschaftlich belegbare, holzanatomisch bedingte Ursachen, die verantwortlich für das Verhalten der Hölzer sind, waren bis zur zweiten Hälfte des 19. Jahrhunderts[92] unbekannt und konnten ab Anfang des 20. Jahrhunderts an eigens dafür gegründeten Instituten untersucht werden.[93]

Für die Verwendung von Holz als Tischlerware musste es getrocknet werden, *„um recht dauerhafte Arbeit daraus zu erwarten"*.[94] Größten Wert legte man im Bereich des Fenster- und Türenbaus auf feinjähriges, radial geschnittenes, fehlerarmes Holz, welches sich in der Kernbohle findet[95].

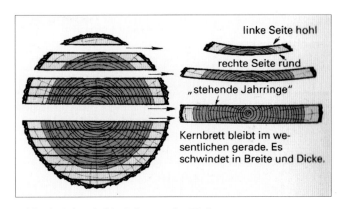

Abb. 4: Schaubild: Arbeiten des Holzes

Aus diesen Hölzern wurden zum Beispiel die Türflügel[96], die sich nicht verziehen dürfen, hergestellt. Tangential geschnittene Hölzer fanden ihre Verwendung in minderwertigen Bereichen.[97] Sie wurden und werden als Blind- oder Leistenholz eingesetzt.[98]

Aus den bekannten Eigenschaften der Hölzer in unterschiedlichen Trockenstadien können interessante Rückschlüsse zur Bearbeitungsweise in der Vergangenheit abgeleitet werden. An einer Vielzahl historischer Dachstühle sind an den Gesperren Markierungen zum

Richten zu finden. An diesen Markierungen lässt sich ablesen, dass die Hölzer in grünem, also in schlagfrischem Zustand bearbeitet wurden. Man erkennt, dass die Zeichen von Trockenrissen durchzogen sind, die folglich nach der Bearbeitung durch den Zimmermann entstanden sein müssen.

An manchen untersuchten Türblättern ist zu erkennen, dass ungetrocknete Hölzer zum Bau verwendet wurden. Besonders deutlich treten diese Beobachtungen an der Kirchentür in Stöbritz[99] zu Tage. Dort wurden Hölzer verarbeitet, die Wuchsfehler aufweisen. In einer Bohle zeigen sich auf engstem Raum sowohl radiale, als auch tangentiale Wuchszonen, wie in der Abbildung 5 deutlich zu erkennen ist. Durch das jeweils unterschiedlich stark ausgeprägte Trocknungsverhalten zeigen sich auf der Fläche unregelmäßige Vertiefungen, die auf den Trocknungsprozess nach der Bearbeitung zurückzuführen sind.

Der Nachteil bei der Bearbeitung von grünem Holz ist, dass es bedeutend schwerer ist, als trockenes. Somit stellt sich der Transport zur und die Handhabung auf der Baustelle schwieriger dar. Als vorteilig bleibt festzustellen, dass dieses Holz leichter zu bearbeiten ist[100], da der Versprödungsprozess durch die Holztrocknung noch nicht eingesetzt hat. Gleichzeitig entfällt die Trocknungszeit als Kostenfaktor.

An Dachstühlen kann es von Vorteil sein, dass sich die Balken im Prozess der Trocknung verziehen oder verdrehen und die Konstruktion so an Festigkeit gewinnt. Bei der Herstellung von Bohlentüren stellten sich sowohl das Einarbeiten der Holzverbindungen und Beschläge[101] als auch die Oberflächenbearbeitung wesentlich einfacher dar, als bei der Bearbeitung trockener Hölzer.

Diese Vorteile der Bearbeitung von Holz in nassem Zustand kehren sich für Tischlerarbeiten ins Negative, da die Hölzer erst mit dem Unterschreiten des Fasersättigungspunktes beginnen zu arbeiten. Das wiederum kann erhebliche Verformungen und somit Funktionseinschränkungen des jeweiligen Bauteiles nach sich ziehen. Angebrachte Beschlagteile können korrodieren und im Holz Verfärbungen hervorrufen. Weitere Bearbeitungen wie Farbauftrag, Belagarbeiten oder Verleimungen sind nur mit trockenem Holz dauerhaft herzustellen. Folglich hat man sich in diesem Bereich für die Verarbeitung

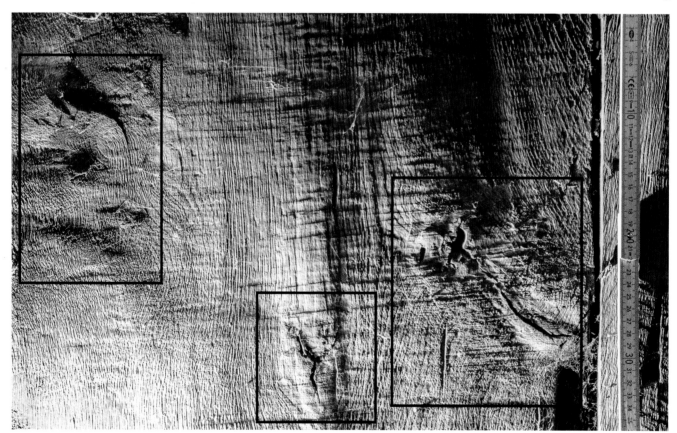

Abb. 5: Schattenbereiche mit Wuchsfehlern (Kat. 39)

trockenen Holzes entschieden, obwohl diese Ware, aufgrund der Zunahme der Sprödigkeit, schwieriger zu bearbeiten ist. Daraus lässt sich ableiten, dass es sowohl Vorteile als auch Nachteile in sich barg, Holz schlagfrisch zu verarbeiten.

Dieser Abwägungsprozess ist im Zimmererhandwerk zugunsten der Bearbeitung in nassem Zustand ausgefallen. Für das Tischlerhandwerk hingegen hat sich die Bearbeitung trockener Hölzer als zweckmäßig erwiesen.

Um ausreichend Material verfügbar zu haben, war es erforderlich, einen rationellen, kontrollierbaren Trocknungsprozess – beispielsweise auf einem Stapelplatz – zu bewerkstelligen. Hierzu mussten große Mengen Rundholz zu verarbeitbaren Bohlen mit weitestgehend parallel zueinander liegenden Flächen hergestellt werden. Die Arbeiter entwickelten über die Jahrhunderte verschiedene Methoden zur Bearbeitung des Rundholzes. Der Rationalisierungsdruck aufgrund der steigenden Nachfrage nach diesen Produkten führte dazu, dass diese Methoden stetig angepasst und weiterentwickelt wurden.

Die Herstellung von Brettern durch das Spalten von Rundholz

Vor der Verbreitung des Sägeverfahrens, die sich vom Beginn des 13. bis ins 15. Jahrhundert[102] vollzog, bediente man sich lange Zeit der Methode des Spaltens von Rundholz zur Herstellung von Brett- und Bohlenwaren. Die Technik des Holzspaltens ist großräumig dokumentiert und war eine gängige Technik zur Gewinnung von Brettwaren. Nicht nur für Deutschland[103], Österreich-Ungarn[104] und Russland[105] ist Schriftgut dazu überliefert, sondern auch für den nordamerikanischen[106] und pazifischen Raum[107]. In Auswertung dieser Informationen können die Arbeitsspuren an den Türblättern klar gelesen und interpretiert werden.

Für das Spalten von Hölzern waren spezielle Kenntnisse des Werkzeuggebrauchs und des zu bearbeitenden Materials erforderlich[108]. Die Komplexität der Auswahl des Spaltholzes hat Burgsdorf[109], Gayer[110], Reber[111] und ganz vorzüglich Danhelovsky[112] und Jester[113] beschrieben. Darüber hinaus berichtet Jester ausführlich über die unterschiedlichen Zeiträume und Arten, das Holz zu fällen, sowie über die weiteren Zurichtprozesse. Dabei

legten die Arbeiter besonderen Wert auf die Sortierung des Rundholzes im Wald[114]. Durch sorgfältige Auswahl sparte man sowohl Zeit, als auch Kraft beim Behauen oder Spalten und bei der Weiterverarbeitung.

Gebogene Hölzer konnten direkt, dem Stamm folgend, beispielsweise für den Schiffbau, für das Böttcher- oder Wagnergewerbe, gewonnen werden. Andere Einsatzgebiete für gespaltene Bretter und Bohlen waren der Wege-, Gruben-, Möbel- und Fensterbau.[115] *„Selbst Türen wurden aus dem Stamm gespalten und alsdann behauen.“*[116] Gespaltene Hölzer galten in vielen Bereichen als begehrte, wertvolle Rohstoffe.[117] Sie fanden vielfältigen Einsatz[118] und wurden in verschiedene Qualitätskategorien, dem Verwendungszweck entsprechend, vorsortiert. Das für einen Spaltprozess benötigte Material musste hohen Qualitätsansprüchen genügen. Unter anderem waren *„Bedeutendere Schaftlänge, Astreinheit, gleichförmige Abnahme in der Stammdicke; feine Rindenbildung* […] *Bürgen für Leichtspaltigkeit* [… von] *Erle, Linde, Kiefer, Eiche“.*[119] *„Spaltiges Nutzholz“*[120] wurde aufgrund der Eigenschaften als das wertvollste beschrieben.[121] Es zeichnete sich dadurch aus, dass es geringere Anfälligkeit gegen das Arbeiten des Holzes zeigte, da die Bretter dem Wuchs folgend voneinander getrennt wurden. Neben der so weitestgehend spannungsfrei hergestellten Ware verringerte sich auch die Wasseraufnahmefähigkeit des Holzes, da bei dieser Produktionsmethode die Holzfasern respektive Holzzellen nicht angesägt wurden. Somit blieben die Zellwände intakt und konnten weniger schnell Wasser aufnehmen oder abgeben. Bessere Eigenschaften in Hinblick auf die Elastizität, Festigkeit und Biegsamkeit resultieren ebenfalls daraus.[122] *„Endlich geht die Arbeit des Spaltens weit schneller, erfordert einfachere Werkzeuge, als beim Zersägen, und gibt gar keine Abfallspäne.“*[123]

Finsterbusch führt an, dass das Holzspalten *„über Jahrhunderte als wichtiges Gewerk“*[124] bestand und viele Handwerker, wie der Zimmermann, Tischler, Böttcher, Drechsler, Wagner, Boots- und Mühlenbauer, ihr Rohholz selbst spalteten.[125] In welchem Umfang Spaltwaren hergestellt wurden, erschließt sich aus dem Inhalt eines Erlasses der russischen Zarin Katharina II. um 1785. Finsterbusch führt ein Zitat an, in dem sie *„ein Verboth gab, gehauene Bretter auf der Newa passiren zu lassen“.*[126] Man kann folglich annehmen, dass dort große Mengen gespaltener und behauener Bretter intensiv und professionell produziert und auf der Newa transportiert wurden. Das bedeutet, dass die auf Wirtschaftlichkeit

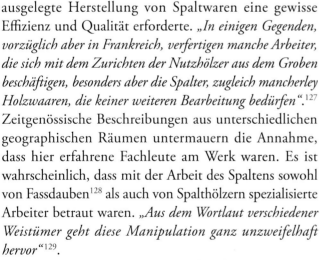

Abb. 6: Türfläche mit Spuren vom Spalten (Kat. 13)

Abb. 7: Gespaltene Brettoberfläche aus Neuholz

ausgelegte Herstellung von Spaltwaren eine gewisse Effizienz und Qualität erforderte. *„In einigen Gegenden, vorzüglich aber in Frankreich, verfertigen manche Arbeiter, die sich mit dem Zurichten der Nutzhölzer aus dem Groben beschäftigen, besonders aber die Spalter, zugleich mancherley Holzwaaren, die keiner weiteren Bearbeitung bedürfen".*[127] Zeitgenössische Beschreibungen aus unterschiedlichen geographischen Räumen untermauern die Annahme, dass hier erfahrene Fachleute am Werk waren. Es ist wahrscheinlich, dass mit der Arbeit des Spaltens sowohl von Fassdauben[128] als auch von Spalthölzern spezialisierte Arbeiter betraut waren. *„Aus dem Wortlaut verschiedener Weistümer geht diese Manipulation ganz unzweifelhaft hervor"*[129].

Das Wissen zur Vorgehensweise bei dieser Arbeit setzt in allen Fällen einen ähnlichen Wissenstand oder Erfahrungsschatz voraus, denn das Prinzip der Spaltung beruht auf dem gewaltsamen, kontrollierten Trennen von Faserbündeln in achsialer Richtung. Dieser Trennvor-

gang führt zu einer charakteristischen Holzoberfläche, denn die Faserbündel werden aus der Holzmasse regelrecht herausgerissen. Dadurch stellte sich die Oberfläche zerklüftet dar, was in den Abbildungen 6 und 7 deutlich erkennbar ist.

Für die Produktion von Spaltwaren sind mehrere Varianten[130], auch aus verschiedenen Kulturkreisen[131] überliefert, die sich im Wesentlichen ähneln.

Die Radialspaltmethode

Die gut spaltbaren Hölzer zeichnen sich neben geradem, fehlerarmem Wuchs dadurch aus, dass die Markstrahlen deutlich ausgeprägt sind. Sie durchziehen das Zellgefüge in radialer Richtung, die Gayer als *Hauptspaltrichtung*[132] bezeichnet.

Böhm[133] und Danhelovsky[134] beschreiben eine Methode zum Zerlegen der Stämme zu Brettwaren folgendermaßen. Dabei wurden Keile in einer Linie in das Hirnholz getrieben. „*Die auseinander geklüfteten und dabei gebogenen Teile des Stammes suchen sich gerade zu strecken und der Spalt reißt daher, der Schneide des Werkzeuges voraneilend, weiter auf.*"[135] Danhelowsky präzisiert und schreibt, „*daß jedes derselben vorerst in zwei Theile, jeder solche Theil wieder in zwei Hälften und so fort bis zur Einzeldaube getrennt werde.*"[136] Da die

Stämme bis zum Kern gespalten wurden, war die Breite dieses Spaltproduktes auf den halben Stammdurchmesser begrenzt. Als Produkte entstanden Brettwaren, die einen tortenstückartigen Querschnitt, eine feine Holzmaserung und gleichmäßigen Wuchs aufwiesen. Die so hergestellten Spaltwaren besaßen außergewöhnlich gute Eigenschaften und lagen weitestgehend spannungsfrei vor.

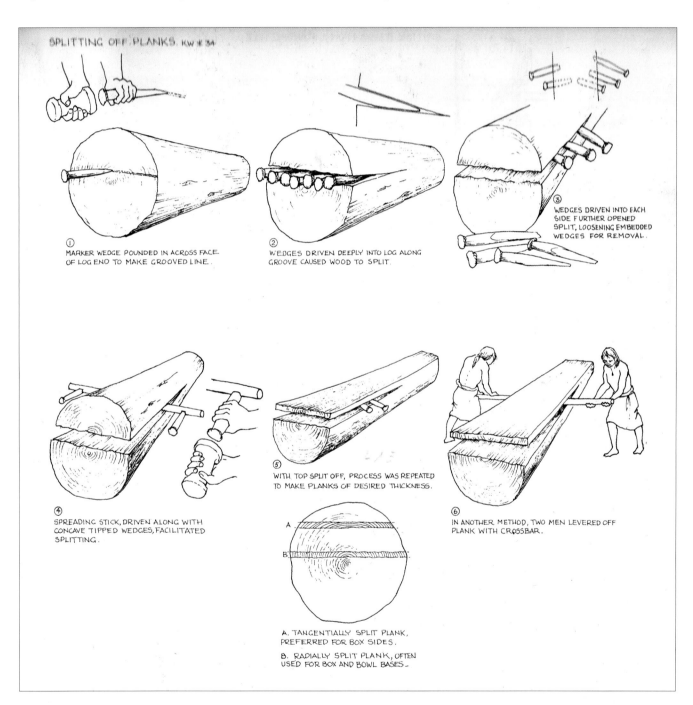

Abb. 8: Darstellung verschiedener Spaltmethoden

Die Tangentialspaltmethode

Weitere, sehr praktische Methoden zum Spalten von Brett- und Bohlenwaren beschreibt Hilary Steward für den nordamerikanischen Raum. Hierbei konnten sowohl Mittelbohlen, als auch tangential gespaltene Bohlen hergestellt werden, wie in Abbildung 8 zu erkennen ist. Sie stellt den gesamten Herstellungsprozess von Holzbohlen aus Zedernholz in Nordamerika ausführlich und anschaulich dar. Sowohl durch Experimentalerprobungen[137], als auch anhand von Befundlagen an vorhanden Baumstämmen[138] untermauert sie diese Thesen.

Der Herstellungsprozess beginnt am liegenden Stamm mit dem Einbringen einer Markierung auf dem Hirnende des Stammes, die vier Fingerbreit über der Mitte des Rundholzes als Kerb angelegt wurde. Entlang dieser Linie wurden hirnseitig über die gesamte Breite Keile eingeschlagen, um den Spaltprozess einzuleiten. Nachdem sie komplett im Holz saßen, wurden seitlich in den entstandenen Spalt weitere Keile eingetrieben. Dadurch wurde der Spalt geweitet, dass sich die Keile lösen konnten. Um den Spaltvorgang abzuschließen, sind bei Steward drei unterschiedliche Vorgehensweisen beschrieben, die in Abbildung 8 dargestellt sind.

Zum einen erläutert sie, dass eine Holzstange mit Schlagknöpfen in den Spalt eingelegt und mit Hämmern vorangetrieben wurde, bis die obere Stammhälfte abgespalten war. Man setzte die Keile erneut in der gewünschten Bohlenstärke an und wiederholte den Arbeitsgang.

Bei einer anderen Methode beschreibt sie, dass durch wechselseitiges Heben und Senken eines Einlegerundholzes die Spaltung vorangetrieben wurde.

Als dritte Variante skizziert sie, wie mittels seitlich eingetriebener Keile der Spaltprozess gesteuert und abgeschlossen werden konnte.[139]

Bei dieser Herstellungsmethode konnte der gesamte Stamm zu Brett-, respektive Bohlenwaren in anspruchsvollen Breiten verwertet werden. Ein Missionar beschrieb im 19. Jahrhundert in seinem Bericht von der beeindruckenden Größe der Bohlen. Dem Bericht zufolge waren diese Bohlen bis zu 1,1 Meter breit und 6 Meter lang.[140]

Die Beschreibung eines ähnlichen Produktionsverfahrens findet sich für den europäischen Raum bei Jester.[141] Lediglich in einem Satz und zwei Skizzen er-

wähnt er, dass derartige Brettwaren hergestellt wurden. Spezialspaltungen zu Fassdauben hingegen sind ausführlich beschrieben, was den Schluss zulässt, dass die Herstellung von Brettwaren durch Spalten durchaus gängige Praxis war und keiner weiteren Erläuterung bedurfte.

Mit der aufkommenden und sich zügig verbreitenden Technik des Sägeverfahrens verlor die Herstellung von Brettern und Bohlen durch Spalten zusehends an wirtschaftlicher Bedeutung.

Aufgrund der überragenden Eigenschaften von Spaltprodukten hat sich diese Technik bei der Herstellung von Holzschindeln jedoch bis heute erhalten.

Die Sägebrettherstellung

Ab dem 13. Jahrhundert setze ein Aufschwung in Europa ein, der aufgrund von Spezialisierungen in den einzelnen Gewerken viele Berufe hervorbrachte und Zunftgründungen bis zum Ende des 16. Jahrhunderts nach sich zog.[142] *„Der wachsende Bedarf an so vielfältigen Erzeugnissen förderte die Arbeitsteilung im Gewerk der Holzbe- und -verarbeitung. Schreiner, Böttcher, Wagner und Drechsler, […] werden nun zu eigenständigen Berufen. Sie entwickelten sich schnell und erreichten bald Gleichrangigkeit neben dem traditionellen Beruf des Zimmermanns".* [143] Um die jedem Gewerk zugedachten Arbeiten ausführen zu können, war es notwendig, neue Techniken, Methoden und Werkzeuge zu entwickeln und einzusetzen. Gleichzeitig stieg der Bedarf an Rohmaterialien wie Schnitthölzern.[144]

Im Holzhandwerk wurde das Sägeverfahren ab dem 13. Jahrhundert zum Herstellen von Brett- und Bohlenwaren wiederentdeckt, nachdem es rechtsrheinisch, mit dem Untergang des Römischen Reiches, über mehrere Jahrhunderte weitestgehend in Vergessenheit geraten war[145]. Ab diesem Zeitpunkt setzte man den Fuchsschwanz als ungespannte Säge erneut zur Holzbearbeitung ein und entwickelte daraus viele Spezialsägen. Im weiteren Verlauf – bis zum 15. Jahrhundert – wurden die Rahmensägen als gespannte Sägen zum Herstellen von Schnittholz eingesetzt[146], bis sie schließlich flächendeckend in allen Werkstätten zu Verfügung standen.

Die ungespannten Sägen

Zum Herstellen von Brett-, Bohlen- und Balkenwaren wurde in der Anfangsphase der Sägetechnik eine sehr materialintensive Produktionsmethode angewendet.

Wie in Abbildung 9 dargestellt, wurde in einem ersten Arbeitsgang durch einen Arbeiter (ganz rechts) mit einer Axt Stiche in eine Stammseite geschlagen, um eine Arbeitsebene und eine Arbeitstiefe zu kennzeichnen.[147] Dieser Ebene folgend sind die Zwischenstücke von dem links daneben stehenden Arbeiter grob abgearbeitet worden. Im weiteren Verlauf ist der Stamm an einer Seite von einem Arbeiter (Mitte links) mit der Axt geschrubbt[148] und im Anschluss von einem Arbeiter (ganz links) geschlichtet[149] worden. Der Stamm wurde gedreht, dass die soeben bearbeitete Fläche nach oben zeigte und eine weitere winklig hergerichtet werden konnte[150].

Diesen Arbeitsablauf beschreibt auch Jester sehr anschaulich: *„Der Arbeiter besteigt nehmlich den Stamm und haut mit der Zimmeraxt*) der ganzen Stammlänge nach, an beyden Seiten senkrechte, etwa 2 Fuß von einander abstehende Kerbe ein und zwar so tief, daß sie bis an die abgeschnürten Linien in den Stamm eindringen. Er nimmt dann die zwischen den Kerben befindlichen Späne mit der Zimmeraxt weg und ebnet hierauf die dadurch entstehenden, aber noch rauhen und ungleichen Seitenflächen mit dem Breitbeile*).“*[151]

Im Anschluss wurde der Sägeschnitt markiert und die Bohle schräg auf einem Bock liegend vom Stamm abgetrennt (Abb. 10). Als Säge wurde eine bis zu 2,5 m lange Schrotsäge[152] verwendet. Hierbei stand der Oberschneider auf dem Stamm und führte die Säge an einer zuvor abgeschnürten Linie[153]. Die Unterschneider, zwei bis drei Mann, zogen die Säge nach unten und führten sie gegen das Holz[154]. Dieser Schneideprozess wurde bis zur Mitte des Stammes, respektive bis zum Bock ausgeführt.

In diesem Bereich sollte der Sägeschnitt so schräg geführt werden, dass das unten liegende Auflagerholz nicht beschädigt, oben jedoch über die Höhe des Auflagerholzes hinweg geschnitten werden sollte. Im Anschluss richtete man das entgegengesetzte Ende des Stammes auf, um den Sägeschnitt erneut und in gleicher Weise anzulegen. In der Mitte des Stammes trafen sich beide Schnitte, bis die Bohle vom Rohholz getrennt vorlag[155]. Durch das Zusammentreffen der beiden schrägen Sägeschnitte am Auflagerpunkt zeigt sich das Schnittbild

Abb. 9: Zurichtung einer glatten Fläche

Abb. 10: Holzeinschnitt auf einem Bock

Abb. 11: Arbeitsspuren vom Einschnitt auf einem Bock

Abb. 12: Holzeinschnitt in einer Grube

Abb. 13: Werkzeugspuren einer ungespannten Säge (Kat. 5)

trichterförmig aufeinander zulaufend. Auf der Höhe des Auflagerpunktes wurde das Holz nicht durchgeschnitten, woraufhin sich dort eine dreieckförmige Abbruchfläche bildete (Abb. 11).

Eine weitere Möglichkeit des Zuschnittes der Hölzer bestand darin, in einer ausgehobenen Grube zu arbeiten[156], wie auf der Abbildung 12 dargestellt. Mit dem Auftrennen des Stammes waren hierbei zwei Arbeiter betraut.

Das Arbeitsprinzip der Zurichtung der Hölzer mit ungespannten Sägen brachte es mit sich, dass die Sägeblätter aus technischer Sicht stabil ausgeführt sein mussten. An ihnen war eine grobe Zahnteilung angearbeitet, was sich neben dem hohen Materialverlust auch negativ auf die Güte des Schnittbildes auswirkte. Finsterbusch beschreibt, dass diese Art des Sägens in einer Grube oder schräg auf einem Bock liegend mit dem Aufkommen der großen Sägen zugunsten der horizontalen Bearbeitung abgelöst wurde[157]. Im weiteren Verlauf wurden die Roh-

hölzer horizontal auf Böcken gelagert, um die Zuschnittarbeiten auszuführen.

Man erkannte, dass dünne Sägeblätter weniger Materialverlust verursachten und sich positiv auf die Schnittgüte auswirkten. Das führte dazu, dass sich durch stetige Weiterentwicklung der Werkzeuge die gespannten Sägen als nutzbringend herausschälten und sich etablieren konnten.

Die gespannten Sägen

Bis zum Ende des 15. Jahrhunderts wurden gespannte Sägen entwickelt, die einige wesentliche Vorzüge boten. Sie bestanden aus zwei parallel zum Sägeblatt verlaufenden Stegen, an deren Enden quer dazu Griffe vorhanden waren. An einem der Griffe war mittig ein Spannsystem angeordnet, das es ermöglichte die immer dünner werdenden Sägeblätter zu straffen. Als Oberbegriff für diesen

Abb. 14: Holzeinschnitt mit einer gespannten Säge

Abb. 15: Werkzeugspuren einer gespannten Säge (Kat. 5)

Typus Säge hat sich der Begriff *Rahmensäge* durchgesetzt. Im weiteren Verlauf der Nutzung der Rahmensäge entwickelte man für die Brett- und Bohlenherstellung die Rahmenspaltsäge, auch Schwellenstrecksäge genannt.[158] Zur Herstellung von Sägefurnieren[159] wurde in Tischlereien die Klobsäge[160] verwendet.

Die dünnen, gespannten Sägeblätter hatten den Vorteil, dass die Materialverluste an Holz verringert und der Schnitt sauberer geführt werden konnte, als mit der ungespannten Schrotsäge.[161] Der wesentliche Vorzug der gespannten Sägen lag jedoch darin, dass „*Sowohl qualitativ als auch quantitativ* […] *bessere Ergebnisse erzielt werden*"[162] konnten.

Bisher lagerte man die einzuschneidenden Stämme schräg auf einem Bock. Mit der sich verbreitenden Sägetechnik, wurde das Holz beim Einschnitt horizontal gelagert.[163] Die weitere Arbeitsweise war dem der Sägearbeiten mit ungespannten Sägen ähnlich. Da die Sägeblätter dünner waren und somit die Schnitte quali-

tätvoller ausgeführt werden konnten, stellen sich die Arbeitsspuren der Rahmensäge gleichmäßiger als die der ungespannten Sägen dar. Da die Stämme nun beim Einschnitt horizontal gelagert waren, sind die wechselnden Schnittwinkel des *Schaukelns* nicht mehr vorhanden. In Abbildung 15 sind die sauber geführten Sägeschnitte erkennbar. Sie weichen nur geringfügig voneinander ab und sind weitestgehend orthogonal angeordnet. Diese Zuschnitttechnik setzte sich durch und kam flächendeckend zum Einsatz.

Das Mühlenwesen

Parallel zu den beschriebenen Einschnitttechniken entwickelte sich ab dem 13. Jahrhundert die Technik des Zurichtens der Hölzer in Sägemühlen. Ab 1300 ist eine zögerliche Zunahme von Erwähnungen zu Sägemühlen dokumentiert. Um 1400 sind deutliche Zuwächse an

Sägen nachweisbar. Im Laufe des Dreißigjährigen Krieges wurden sie fast vollständig zerstört. Nach 1648 kann ein erneuter Anstieg von Erwähnungen festgestellt werden, bis im 19. Jahrhundert, zur einsetzenden industriellen Verarbeitung, massenhaft Sägemühlen entstanden[164].

Bei dieser Art der Verarbeitung der Rohhölzer verbesserte sich sowohl die Quantität, als auch die Qualität der Schnittergebnisse. Der wesentliche Unterschied zum händischen Sägeverfahren lag neben dem pausenlosen maschinellen Erzeugen des Sägeblatthubes darin, dass nicht die Säge, sondern der Holzstamm stetig und mechanisiert gegen das Sägeblatt geführt wurde und so sehr einheitliche Schnittmuster entstanden. Die Arbeitsspuren dieser Sägeschnitte stellen sich konsequent orthogonal zur Stammachse angeordnet und gleichmäßig dar[165]. Aufgrund der stetig anwachsenden Ausbreitung[166] und Weiterentwicklung des Mühlenwesens, wurden die Sägemühlen schließlich so leistungsfähig, dass bald mehrere Sägeblätter nebeneinander montiert werden konnten und die Mühlen somit in der Lage waren, ganze Stämme in einem Arbeitsgang in Bretter zu zerteilen.

Abb. 16: Zurichten von Brettflächen mit Beilen

Die Oberflächenbearbeitung

Das Beil

Weder beim Holzspalten, noch beim Sägeprozess entstehen glatte Flächen. Es kommt herstellungsbedingt zu Ausrissen aus dem Holzgefüge, rauen Oberflächen und Splitterbildung. Diese Oberflächen konnten allerdings dem Verwendungszweck entsprechend mit einem Beil oder anderen Werkzeugen in erstaunlicher Qualität geglättet werden[167].

„Bei manchen Gegenständen wird nicht jeder sagen können, ob sie gehobelt oder mit dem Handbeil bearbeitet wurden, denn die belgischen Nachkommen der Kelten zum Beispiel bedienen sich noch heute mit so besonderer Geschicklichkeit des uralten Instruments der Kelte, *daß dessen Ergebnis der Hobelarbeit fast gleichkommt.“*[168] Die Kelte – auch der Kelt – ist ein *„Beil aus vorhistorischer Zeit“*[169] und besitzt eine markant ausgeformte, lang gezogene, schmale Schneide (siehe in Abb. 16 das auf dem Boden liegende Beil).

Abbildung 16 veranschaulicht das Zurichten von Bauholz mit dem Beil im 16. Jahrhundert. Der Zimmer-

mann im Vordergrund bebeilt eine Brettkante. In der Hand führt er ein Beil mit einer langgezogenen Schneide. Er bearbeitet das Holz von links nach rechts. Zu seinen Füßen sind Mengen von langen Spänen zu erkennen, die bei diesem Arbeitsgang anfallen. Die horizontale Fläche scheint schon bearbeitet zu sein und ist gleichmäßig dargestellt. Ebenfalls glatt dargestellt ist die linksseitige Schmalfläche, die der Zimmermann bereits mit dem Breitbeil geschlichtet zu haben scheint. Hinter ihm erkennt man eine grob zugerichtete Holzkante. Diese wurde vermutlich vorab mit dem auf dem Boden liegenden Beil geschruppt.

Im Hintergrund stehend, trägt der Patron eine Schrotsäge, wie sie bis ins 20. Jahrhundert hinein zum Ablängen von Baumstämmen verwendet wurde[170]. Links hinten ist ein Polter Baumstämme zu erkennen, die mit einer ungespannten Säge auf Länge geschnitten dargestellt sind. Trotzdem wurden die Rundhölzer offenbar weiterhin mit dem Beil zu Balken und Brettern verarbeitet. Die Arbeitsspuren auf den so bearbeiteten Flächen präsentieren sich weitestgehend quer zum Faserverlauf und sind unregelmäßig schiffchenartig angeordnet.

Abb. 17: Einheitliche Türblattfläche (Kat. 2)

Abb. 18: Arbeitsspuren des Beiles im Streiflicht (Kat. 2)

In Abbildung 18 ist der Übergang zwischen einer ge-
schruppten Fläche rechts und einer geschlichteten linksseitig an der rechten Bohle der Sakristeitür der Kirche
Bernau[171] anhand der unterschiedlichen Oberflächenqualitäten zu erkennen, wenngleich sie sich bei bei-
läufiger Betrachtung in der Fläche des Türblattes nicht
wesentlich hervortun (Abb. 17).

Bei näherer Betrachtung derartiger Bearbeitungsspuren
kann man auf das verwendete Werkzeug schließen. In
Abbildung 19, am Türblatt der Kirche in Breitenau[172],

erkennt man eine quer zum Faserverlauf verlaufende,
kleinteilige, schüsselartige Oberflächenbeschaffenheit.
Weiterhin treten bis zu 6 Zentimeter langen Scharten[173]
eines verwendeten Beiles deutlich zu Tage (Abb. 20).
Diese markanten Arbeitsspuren sind typisch für die Bearbeitung mit einem Beil und verdeutlichen die Arbeitsweise bei der Oberflächenveredelung.

Steigende Ansprüche an die Bauteile führten dazu, dass
man zur Verbesserung der Oberflächengüte spezialisier-
tere Werkzeuge einsetzte.

Abb. 19: Geschüsselte Arbeitsspuren durch Bebeilen (Kat. 5)   *Abb. 20: Werkzeugspuren mit Scharten vom Beil (Kat. 5)*

Das Ziehmesser

Als Werkzeug für eine qualitativ gesteigerte Oberflächenbearbeitung nach dem Beil wurde das Ziehmesser eingesetzt, wie es heute noch zur Dachschindelherstellung benutzt wird. Das Werkzeug besitzt eine etwa 20–40 Zentimeter langen Klinge, an der rechts und links 90° abgewinkelt zwei Griffe angebracht waren, um es zu sich ziehend arbeiten zu lassen.[174] Mit der leicht gerundeten Klinge lassen sich Späne in möglichst steigender Faserrichtung abnehmen.[175] Durch den Einsatz des Ziehmessers war es möglich, wesentlich glattere Holzoberflächen zu erzielen, wobei jedoch Ausrisse, unkontrollierte Spanausbrüche oder Spandicken unvermeidbar waren.

Im Vergleich zum Beil unterscheiden sich die Arbeitsmuster wesentlich voneinander. Mit dem Beil wurde weitestgehend quer zum Faserverlauf des Holzes gearbeitet, was eine schiffchenartig und rau erscheinende Oberfläche hervorrief. Mit dem Ziehmesser arbeitete man dem Faserverlauf folgend in langen Arbeitsgängen. Wenn an der Schneide des Werkzeuges eine Scharte vorhanden war, zeigt sie sich auf der Oberfläche ebenfalls, dem Faserverlauf folgend.

In der Abbildung 21 erkennt man rechts eine mit einem Beil zugerichtete Fläche. An der danebenliegenden Brettoberfläche hingegen sind Arbeitsspuren durch die Abnahme von Spänen durch ein Ziehmesser zu erkennen. Aufgrund der Flächentoleranzen auf den Gratleisten derselben Tür von bis zu 4 Millimeter kann davon ausgegangen werden, dass diese Spuren nicht von einem Hobel stammen, da dort die Spandickenabnahme begrenzt ist.

Abb. 21: Unregelmäßige Spanabnahme vom Ziehmesser (links) und Beilspuren (rechts) (Kat. 3)

Abb. 22: Ratterspuren eines Ziehmessers (Kat. 3)

Abb. 23: Werkzeugspuren eines Ziehmesser (Kat. 3)

Abb. 24: Bearbeitungsspuren eines Ziehmessers

Man erkennt bei jeder Spangeometrie an dieser Leiste ein kammartiges Muster. Stülpnagel interpretiert diese Marken als *„Ratterspuren eines hobel- oder ziehklingenartigen Werkzeugs.“*[176] Zieht man zu den auf der Fläche befundeten Marken die Spuren der Bearbeitung an der Oberkante der Tür von Abbildung 23 in diese Überlegungen mit ein und vergleicht sie mit der Arbeitsweise der Holzschindelmacher von Abbildung 24, erkennt man, dass ein Ziehmesser derartige Spuren hinterlassen kann.

Aufgrund dieser Befunde, kann die vorliegende Holzoberfläche einem Ziehmesser zugeordnet werden. Die Arbeitsmarken stellen sich langgestreckt und unregelmäßig nebeneinanderliegend dar. Sie erscheinen ebenmäßig, geschlossener und gefälliger, als mit der Bearbeitung durch ein Beil. Auch Hirnholzflächen wurden damit zweckmäßig bearbeitet. Man muss dieses Werkzeug als Bindeglied zwischen dem Beil und dem sich entwickelnden Hobel einordnen.

Die Hobel

Die Entwicklungsgeschichte der Hobeltechnik gestaltet sich ähnlich wie die des Sägeverfahrens. Sie war bei den Römern bereits lange bekannt[177] und wurde so in den germanischen Raum getragen[178]. Mit dem Untergang des Römischen Reiches geriet sie weitestgehend in Vergessenheit. *„Die Schreiner hatten vor allem verlernt, die Hobel in der richtigen Weise zu nützen. Es genügten ihnen Querbeil und Ziehmesser.“*[179] Weder die Oberflächenbeschaffenheit noch die Konstruktionsarten der Holzbauteile veränderten sich bis 1400 wesentlich[180]. Bis zu diesem Zeitpunkt blieb sogar *„die der Architektur formalistisch verbundene Möbelschreinerei [weitestgehend] bei den schwerfälligen und plumpen Modellen und Konstruktionen.“*[181]

Mit dem Einsetzen der Zunftbewegung von 1200 bis 1500 und erst recht, nachdem sich um 1400 *„An die Seite des Klerus… [das] Ritter- und Bürgertum als neue kulturtragende Schicht…“*[182] stellte und weitere Entwicklungen hin zu mehr Freiheit führten, änderte sich auch die Situation für das Handwerk. Das aufstrebende Bürgertum und der Klerus verlangten in den neu gegründeten Städten, Klöstern, Kirchen und Domen, die an Handelswegen lagen, nach mehr und qualitätvollen Waren, um ihre eigenen Bedürfnisse und die der stetig

anwachsenden Bevölkerung befriedigen zu können. Das Handwerk passte sich an, entwickelte neue Techniken und Geräte, die es ermöglichten, effizienter und qualitätvoller zu produzieren.

Im holzverarbeitenden Bereich beispielsweise wurden die Oberflächen der Hölzer – neben der Bearbeitung mit dem Beil – zunehmend mit dem Hobel veredelt, um eine möglichst glatte und ebene Fläche zu erzeugen.[183] Der Hobel beruht auf dem Funktionsprinzip, dass eine eiserne, geschärfte Metallzunge – das Hobeleisen[184] – mit einem Keil in einem Hobelkasten fixiert wird und geringfügig mit der Schneide aus diesem Kasten herausragt. Durch Voranschieben des Hobelkastens, wird sie in die Holzfläche gedrückt und der Span so abgehoben. Der Überstand legt dabei die Spandicke fest. Somit ist diese begrenzt, was dazu führt, dass tiefe Ausrisse aus dem Holzgefüge weitestgehend ausbleiben.

Der wiederentdeckte Hobel wurde in die Arbeitsprozesse eingebunden. In den „Hausbüchern der Nürnberger Zwölfbrüderstiftungen“ ist um 1400 ein Tischler mit Werkzeugen und Werkstücken dargestellt. Dort ist gut zu erkennen, dass der Hobel als gängiges Werkzeug in den Arbeitsprozess integriert war. Er zeigt eine ausentwickelte, sogar gestalterisch ansprechende Form[185], sodass man davon ausgehen muss, dass er bereits viele Jahre bekannt war und eingesetzt wurde. In den weiteren Jahrzehnten überschlugen sich die Entwicklungen der Hobelarten und führten im ausgehenden 15. Jahrhundert zu einer Fülle von Hobeln, die jeweilige Einsatzgebiete bedienten[186]. Für Profilierungen, Nuten oder Fälze standen nun Hobel zur Verfügung, um die Arbeitsgänge schnell und passrecht ausführen zu können.

Die Arbeitsspuren eines Hobels sind markant und ähneln einander stark, da alle Hobel nach dem gleichen Prinzip spanabtragend arbeiten. Ähnlich wie bei der Bearbeitung der Flächen mit dem Beil, existieren auch bei der Herrichtung der Oberfläche durch den Hobel verschiedene Genauigkeitsstufen. Bei der Oberflächenbearbeitung spricht man im Tischlerhandwerk ebenfalls vom Schruppen und Schlichten.[187]

Das Schruppen erfolgt mit einem relativ schmalen Hobel mit mäßig gerundetem Hobeleisen. Dieser Arbeitsgang erfolgt regelmäßig etwa 45° zur Faser und erzeugt ein unruhiges Hobelbild,[188] wie in Abbildung 25 erkennbar ist. Als nächste Stufe schließt das Schlichten an, was mit einem breiteren Hobel – mit gerade gearbeitetem Hobeleisen – in Faserrichtung ausgeführt

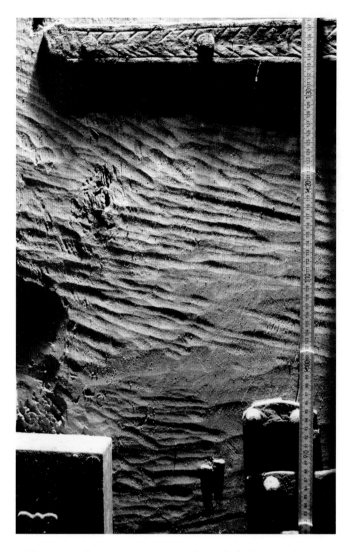

Abb. 25: Werkzeugspuren eines Schrupphobels (Kat. 40) *Abb. 26: Werkzeugspuren eines Schlichthobels (Kat. 11)*

wird. Dabei entsteht ein gleichmäßiges, grob gearbeitet wirkendes Hobelbild, was in Abbildung 26 deutlich wird. Die gesamte Oberfläche wirkt nach diesem Hobelgang jedoch gleichmäßig und geschlossen. Mit weiteren Hobelarten kann die Oberflächengüte qualitätvoller gearbeitet werden, wobei die Hobeleisen immer geradere Geometrien an den Schneiden zeigen, bis schließlich zur Herstellung der höchsten Oberflächengüte der Putzhobel Verwendung findet. Durch das Putzen der Holzoberfläche kann eine gerade, glatte und ebenmäßige Fläche hergestellt werden.[189] Bei jeder dieser Hobelarten zeigen sich etwa vorhandene Scharten im Hobeleisen von Hobelstrich zu Hobelstrich regelmäßig an derselben Stelle über die gesamte Fläche hinweg. In Abbildung 25 erkennt man die quer zur Faser geschruppte Fläche.

Parallel verlaufende Arbeitsspuren vom Schlichten sind auf der Türblattoberfläche in Abbildung 26 gut lesbar.

Im Gegensatz zu den bebeilten und mit Zieheisen bearbeiteten Flächen, werden beim Hobeln lange, gleichmäßige und meist linienartig nebeneinander liegende Bearbeitungsspuren erzeugt. Diese können in jede Richtung angeordnet sein, wenngleich die übliche Hobelrichtung mit der Faser liegen sollte. Mit dem Hobel bleiben tiefe Holzausbrüche oder Faserabrisse weitestgehend aus.

Weiteres und Offenes

Eine Methode für die keine Erklärung gefunden werden konnte, ist bei der Oberflächenbearbeitung an

Abb. 27: Kegelförmige, raspelartige Werkzeugspuren (Kat. 19)

einigen Türen im Untersuchungsgebiet[190] aufgefallen. An der Kirchentür in Göllnitz[191] kann man Spuren erkennen, die kegelförmigen Bewegungen folgen (Abb. 27). Offenbar hat man die Oberfläche mit einem raspelartigen Werkzeug bearbeitet. Da sich die Werkzeugspuren auf dem gesamten Türblatt zeigen, kann man darauf schließen, dass diese Ausarbeitung der Oberfläche bewusst ausgeführt wurde. Im Untersuchungsgebiet finden sich auf weiteren Türblättern unterschiedlicher Kirchen gleichartige Marken. Man verwendete hier offenbar ein durchaus verbreitetes, spanabtragendes Werkzeug, das eine grobe Zahnteilung besaß und zur Flächenbearbeitung geeignet war. Die Beschaffenheit dieser Oberflächen ist als grob einzustufen und entspricht in seiner Qualität dem Schnittbild einer ungespannten Säge. Hierbei müssen jedoch klar die grundlegend differierenden, geometrisch hervortretenden Arbeitsmarken unterschieden werden.

Bemerkenswert ist, dass die Motivation zur Erzeugung einer qualitätvolleren Oberfläche offenbar nicht vorhanden war. Möglicherweise handelt es sich hier um gestalterische Ansprüche, die sich heute nicht ohne weiteres herleiten lassen.

Die Holzverbindungen

Die Fugenausbildung

Selten konnte ein Türblatt aus einer einzigen Bohle, die die gesamte Türöffnung abdeckt, hergestellt werden. Ein Beispiel hierfür findet sich am Priesterportal der Kirche Vielbaum[192], wo das Türblatt aus einer etwa 98 cm breiten, eichernen Bohle besteht. Jedoch standen in den meisten Fällen keine derartigen Bohlenbreiten zur Verfügung, weshalb sie aus mehreren Brettern zusammengesetzt und dauerhaft miteinander verbunden werden mussten[193].

Als einfachste Holzverbindung in der Breite kann, neben dem orthogonalen Aufnageln von Brettern[194], Leisten[195] oder auch schmiedeeisernen Gurtbändern[196], die Verdübelung mit Dollen[197] angesehen werden[198]. Die Löcher für die Dollen wurden mit Löffelbohrern[199]

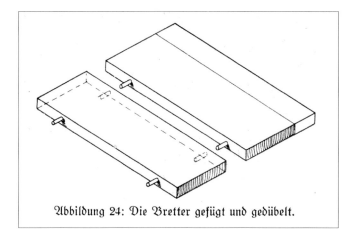

Abbildung 24: Die Bretter gefügt und gedübelt.

Abb. 28: Verbindung von Brettern mit Dollen

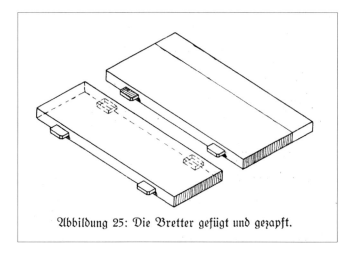

Abbildung 25: Die Bretter gefügt und gezapft.

Abb. 29: Verbindung von Brettern mit Fremdzapfen

in die Schmalseiten der zusammenzufügenden Bohlen eingearbeitet. Da die Spitzen dieser Bohrer löffelartige Grundschneiden besaßen, zeigten sich die Endung der so hergestellten Dollenlöcher in halbkugelartiger Ausformung[200]. Sowohl im Zimmererhandwerk, als auch im Tischlerhandwerk hat sich diese Art der Verbindung bis heute erhalten[201].

Eine aufwändigere Art der Breitenverbindung wurde durch Einsetzen eines orthogonal zur Faserrichtung der Brettfläche angeordneten Fremdzapfens an Stelle eines Dollens ausgeführt[202]. Das Einarbeiten des Zapfenlochs war mit erhöhtem zeitlichen Aufwand und größerer Geschicklichkeit im Umgang mit den Werkzeugen verbunden. Man verwendete diese Art der Verbindungen dort, wo *„Holzflächen an feuchten Mauern, in feuchten Räumen oder im Freien, also überall da, wo dem Holze recht viel zugemutet wird."*[203] Als Maß der Stärke der Dübel oder Fremdzapfen war etwa ein Drittel der Brettdicke üblich[204].

Im Laufe der Zeit ist eine Vielzahl von Fugenarten entstanden. Sie dienten neben dem Herstellen von großen Brettflächen durch Verspringen der Fugen oder Ausarbeiten einer Fugengeometrie auch dazu, die Haltbarkeit der Gesamtkonstruktion zu verbessern. Der Durchtritt von Luft und Licht konnte in gleichem Maße verringert werden, wie der Schutzgrad gegen mechanische Belastungen jeder Art erhöht werden konnte.

Alle im Folgenden vorgestellten Einzelverbindungen sind untereinander kombinierbar. Sie bieten eine Bewertungsgrundlage für den Aufwand, der notwendig war, ein Bauteil anzufertigen. Der Aufwand zur Herstellung der abgebildeten Fugen steigt von links nach rechts, da für jede erweiterte Fugenart höher entwickelte Werkzeuge eingesetzt werden mussten. Die Fugen nehmen an Komplexität zu.

Im Untersuchungsgebiet waren die Fugen an einigen Türen, wie auf der Abbildung 30 dargestellt, in der

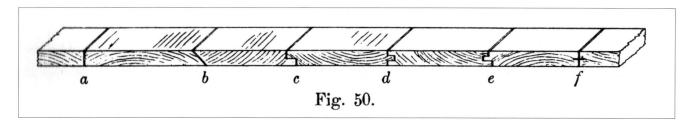

Abb. 30: Verschiedene Ausführungen von Fugenausbildungen

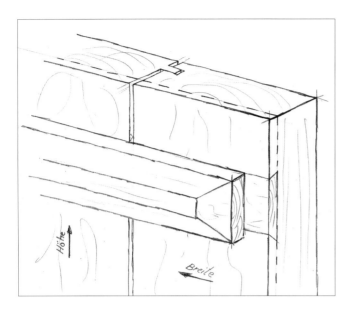

Abb. 31: Gratleistenverbindung mit außermittiger
Spundung (Anm. 308)

Form *a* ausgebildet[205]. Sie waren mit einfachsten Mitteln und geringem Aufwand herzustellen.

Bei umfangreichen dendrochronologischen Untersuchungen an zehn Bohlentüren der Klosterkirche Maulbronn wurde durch Sibylle Bauer diese Fugenart in Verbindung mit *„plan eingeschobenen Querleisten und Holzdübeln"*[206] in das späte 12. Jahrhundert datiert.

Die unter *b* dargestellte Fuge konnte im Untersuchungsgebiet nicht vorgefunden werden. Sie ist mit den gleichen Werkzeugen wie die Fuge *a* herstellbar. Jedoch erfordert sie einen höheren Grad an Motivation und Ge-

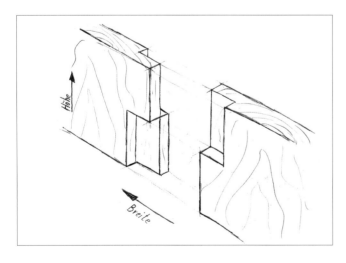

Abb. 32: Verspringender Wechselfalz

nauigkeit bei der Herstellung sowie im Umgang mit den Werkzeugen.

Ein interessantes, geplant angelegtes, eigenständiges Fugenbild bezeichnet man als Spundung[207] und lässt sich am Priesterportal der Kirche Schönborn finden. Es ähnelt den Fugen *d* und *e*[208]. Die Lage der Feder[209] wurde dort, wie in der Abbildung 31 dargestellt, bewusst außermittig im Türblatt platziert, da sie in dieser Ebene nicht durch die nachträglich eingearbeitete Gratleiste durchstoßen werden sollte[210]. Um zu einem derartigen Ergebnis zu gelangen, war es notwendig, sich im Vorfeld bereits ein genaues Bild von der bevorstehenden Aufgabe zu machen. An diesem Türblatt ist ablesbar, dass neben dem Verständnis und einem gewissen Grad an Planung auch die notwendigen Werkzeuge und Fertigkeiten vorausgesetzt werden müssen, um diese gelungene Arbeit herstellen zu können.

Als weitere Fugenart ist ein *Wechselfalz*[211] mit der Bezeichnung *c* in Abbildung 30 dargestellt. Sie war im Untersuchungsgebiet an den Türen vorherrschend und flächendeckend zu finden[212]. Hier reichte es nicht mehr mit einem Beil eine glatte Schmalfläche herzustellen. Es war zumindest eine Art Stecheisen, respektive ein Nuteisen oder ein ähnliches hobelartiges Werkzeug erforderlich, um die Wechselfuge effektiv, sauber und passrecht herzustellen, wozu auch ein höheres Maß an Geschicklichkeit erforderlich war.

Zwei außergewöhnlich ausgeführte, statisch sehr tragfähige Konstruktionen, die einer ähnlichen Fugengeometrie wie der vorgestellten entspringen, finden sich an Türen im Fläming[213] und in der Altmark[214]. Weder dem Autor noch einem erweiterten Kollegenkreis ist eine Beschreibung, noch eine Überlieferung oder Zeichnung dieser Verbindung bekannt. Insofern stellt diese Konstruktion nach dem bisherigen Kenntnisstand eine in Vergessenheit geratene Holzverbindung dar.

Eine dieser herausragenden Breitenverbindung mit *gefalzter Fuge*[215] ist an einer Bohlentür in der Kirche Treuenbrietzen[216] erhalten geblieben. Sie ist auf der Handskizze in Abbildung 32 dargestellt und soll hier kurz vorgestellt werden[217]. Es handelt sich um ein komplexes Konstruktionsgefüge in mehreren Ebenen.

An dieser Tür wurde je Brettseite wechselseitig ein Falz angearbeitet. Sein Wendepunkt wurde etwa in der Mitte der Höhe der Tür angelegt. Beim Zusammenfügen schoben sich die beiden Hirnholzflächen aufeinander und stützten sich so gegenseitig. Die wechselseitige Verzahnung ergab eine selbsttragende Stützkonstruktion. Sie verhinderte, dass das zweite Brett absackte, *„denn es ist ein großer Fehler an einer Thüre, wenn sie sich gesenket hat, und auf dem Boden schleift.“*[218] Der Türenbauer konnte Türblätter mit dieser Fugengeometrie uneingeschränkt für beide Drehrichtungen einsetzen, ohne dass sich Setzerscheinungen an der Konstruktion zeigten. Mit dieser Breitenverbindung ergab sich eine sehr gute Winkelsteifigkeit. Durch quer eingearbeitete Leisten[219] und drei aufgenagelte Eisenbänder wurde das Türblatt in Treuenbrietzen komplettiert (Kat. 41).

Es ist verwunderlich, dass sich diese, wenn auch aufwändig herzustellende, Konstruktion nicht dauerhaft etablieren konnte. Die Herstellung dieser Tür verlangte eine Reihe von Werkzeugen, eine gewisse kreative, geometrische Vorstellungskraft und handwerkliches Geschick, den wechselseitigen Falz passgenau anzuarbeiten.

Um Ressourcen und Arbeitsenergie zu sparen, wurden auch Hölzer in Zweitverwendung verarbeitet. Beispiele hierfür sind die Türblätter der Kirchen Waltersdorf[220] Goßmar[221] und im Besonderen Falkenhain[222]. Dort sind an wiederverwendeten Hölzern Fälze, Vertiefungen und Bohrlöcher eingearbeitet worden, die sehr markant hervortretende, interessante Werkzeugspuren zeigen. Die Ausnehmungen an der Kirche Falkenhain (Kat. 10) scheinen der Türkonstruktion des 14. Jahrhunderts[223] nicht zugehörig zu sein, da sie an dieser Stelle vollkommen ohne Funktion sind. *„Hier sind drei Eichenbohlen zusammengefügt worden, die an ihren Breitseiten ältere Bearbeitungsspuren“*[224] zeigen, wie in Abbildung 33 zu erkennen ist.

Die Fälze wurden vermutlich mit einem Nuteisen, ähnlich dem Reißmesser[225] hergestellt. Dort finden sich die für dieses Werkzeug typischen, segmentbogenartig linienförmigen Arbeitsspuren am Grund des Falzes[226].

Abb. 33: Werkzeugspuren eines Nuteisens (Kat. 10)

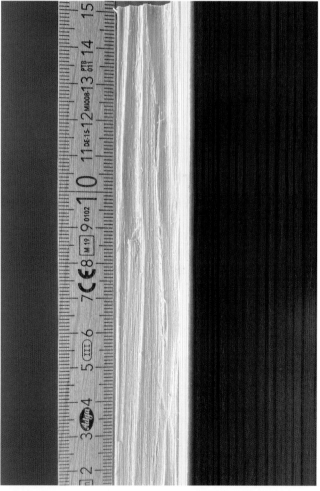

Abb. 34: Werkzeugspuren eines Nuteisens in Neuholz

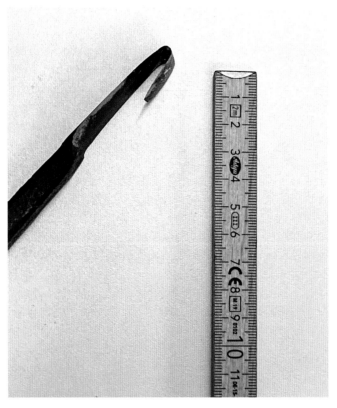

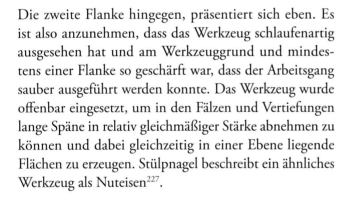

Abb. 35: Nuteisen aus Werkzeugfundus

Abb. 36: Hakenförmige Schneide des Nuteisens

Die zweite Flanke hingegen, präsentiert sich eben. Es ist also anzunehmen, dass das Werkzeug schlaufenartig ausgesehen hat und am Werkzeuggrund und mindestens einer Flanke so geschärft war, dass der Arbeitsgang sauber ausgeführt werden konnte. Das Werkzeug wurde offenbar eingesetzt, um in den Fälzen und Vertiefungen lange Späne in relativ gleichmäßiger Stärke abnehmen zu können und dabei gleichzeitig in einer Ebene liegende Flächen zu erzeugen. Stülpnagel beschreibt ein ähnliches Werkzeug als Nuteisen[227].

Im Fundus des Autors befindet sich ein derartiges Werkzeug.

Bei der Herstellung einer solchen Nut stellt man fest, dass sich das Werkzeug gut führen lässt. Es hat einen kurzen Stiel, da man ihn abwärts zu Brettkante neigen muss, um in das Holz zu arbeiten. Nach etwa einem Zentimeter Tiefe kann kein Span mehr abgenommen werden, weil die Schnittflanken vollständig am Holz anliegen. Man muss das Nuteisen folglich nach rechts bzw. links aus der Arbeitsachse drehen, um die Wandungen mit den seitlichen Schneiden zu weiten, sodass man dann weiter

in die Tiefe arbeiten kann. Es entsteht die Nutgeometrie, die an den Türen zu finden sind. Die Werkzeugspuren sind identisch mit denen an den vorgefundenen Nuten (vgl. Abb. 37, 38).

Die überkommenen Türen der Kirchen Dollenchen[228], Göllnitz[229] und St. Gotthardt[230] zeigen diese markanten Werkzeugspuren deutlich in den beidseitig an den Schmalflächen der Bretter eingearbeiteten Nuten[231]. Diese Breitenverbindung entspricht der Form *f* (Abb. 30) und ist eindeutig im Kontext der Herstellung der Türen zu erkennen. In diese Vertiefung wurde eine passende Langholzfeder eingesetzt, die mit einem Ziehmesser zugerichtet wurden (vgl. Abb. 39 im Vordergrund). Der Nachteil dieser Konstruktion liegt darin, dass die Fremdfeder in Laufe der Zeit nach unten herausrutschen kann und dann aufgrund der Reibung zum Fußboden abgeschliffen wird oder abbrechen kann[232]. Die Ausformung der Nut in Göllnitz[233] deutet darauf hin, dass sie mit einem Nuteisen eingearbeitet wurde, denn nach unserem heutigen Verständnis stellen sich Nuten rechteckig dar. Diese Nuten hingegen weisen

Abb. 37: Nutgeometrie eines Nuteisens (Kat. 19)

Abb. 39: Werkzeugspur eines Nuteisens mit Feder (Kat. 3)

Abb. 38: Nutgeometrie mit Nuteisen in Neuholz

einen spitzwinklig-dreieckigen Querschnitt auf und sind im Grund halbrund ausgeformt. Zusätzlich sind sie nicht gleichmäßig groß oder regelmäßig[234]. Besonders deutlich treten die Arbeitsspuren dieses Werkzeuges an einer Nutwange der südlichen Turmtür in St. Gotthardt[235] hervor. Dort ist im unteren Bereich des Türblattes ein Brettstück bis auf die Höhe des unteren Bandes abgebrochen[236], was den Blick auf die Nutkonstruktion des verbliebenen Brettes, dessen Nutwange und die ehemalige Bandkonstruktion zulässt.

Man erkennt in der etwa 25 Millimeter tiefen und im oberen Bereich 12 Millimeter breiten Nut im Nutgrund und im Flankenbereich die markant abgerundeten ungleichmäßigen Arbeitspuren (Abb. 39). Aufgrund der seitlich gelegenen Riefen lässt sich schlussfolgern, dass das verwendete Werkzeug nicht halbrund konisch, in

der Gestalt der Nut ausgeformt war. Vielmehr besaß es vermutlich eine dreiviertelkreisförmige, hakenartige Schneide und eine gerade geschliffene Flanke, um glatte Wandungen ziehen zu können. Diese Schneide war vermutlich an einem abgewinkelten Griff angearbeitet und wurde in ziehender Arbeitsweise verwendet. Außerdem ist deutlich zu sehen, dass die heute offenliegende, etwa 45 Millimeter breite Feder der Geometrie der Nut folgend mit einem Beil oder einem zieheisenartigen Werkzeug passgenau zugerichtet wurde[237].

Die ziehende Arbeitsweise mit dem Nuteisen ermöglichte es, die Arbeitsrichtung, die Geradlinigkeit eines Falzes, also den eigentlichen Prozess des Profilierens, während der spanenden Bearbeitung kontrolliert auszuführen. Dieses, auf Zug arbeitende Werkzeug kann vor dem Hintergrund dieser Diskussion als Vorläufer eines Hobels zum Herstellen von Profilen angesehen werden.

Der Literatur aus dem Tischlerwesen oder dem der Zimmerei konnte keine Beschreibungen eines Nuteisens entnommen werden. Lediglich Stülpnagel beschreibt diese Werkzeuge kurz[238]. Folgt man seinen Ausführungen, verschwand es in der 2. Hälfte des 15. Jahrhunderts,[239] wobei er einräumt, dass ähnliche Werkzeuge in anderen Berufszweigen weiterverwendet wurden. In der Forstwirtschaft wurde das Reißmesser bis 1990 zum Anlegen der Lachte[240] und bis heute zum Markieren von Bäumen eingesetzt[241]. Auch bei diesem Werkzeug ist folglich eine Eingrenzung des Verwendungszeitraumes nicht eindeutig abzuleiten.

Die Breitenverbindung

Um die zusammengefügten Brettflächen biegesteifer und haltbarer zu machen, mussten die bis hierhin beschriebenen Konstruktionen mit anderen Techniken kombiniert werden. Bei diesem Entwicklungsprozess spielten die schmiedeeisernen Querbänder eine wichtige Rolle[242].

An den quer über die gesamte Fläche gelegten Gurteisen wurden die einzelnen Bretter mit Schmiedenägeln befestigt[243]. Um der Konstruktion einen besseren Halt zu geben, sind diese Gurte oftmals an den Schmalflächen der Tür gekröpft oder auch komplett um die Türblattdicke herum geführt worden[244]. Später nagelte man, als weitere Stabilisierung, vorerst Leisten ohne Holzverbindung quer zum Hauptfaserverlauf auf das Türblatt[245]. Möglicherweise kann das Aufnageln der Leisten auch als Stabilisierungsversuch einer instabilen Tür gedeutet werden. Diese Annahme wird dadurch bekräftigt, dass in der Kirche Stöbritz sowohl die schlichte eisengurtumfassende Konstruktionsvariante am Gemeindeportal[246] zu finden ist, als auch die mit dem offenbar nachträglich aufgenagelten Querholz zur Stabilisierung am Priesterportal[247].

Als Weiterentwicklung der aufgenagelten Leisten begann man, Vertiefungen quer zur Maserung in die Holzoberfläche einzuarbeiten[248]. In diese Nut fügte man eine entsprechend große Leiste ein und vernagelte die Bretter mit der Leiste zu einer Türblattfläche[249].

Auffällig ist hierbei, dass die Nagelenden jeweils quer zur Faser gekröpft in das Holz der Leiste eingetrieben wurden. Als fachlich richtig wird es heute angesehen, wenn die Nagelenden mit der Faser in das Holz gelegt werden,[250] damit sie nicht reißt. Zur Zeit der Nagelung wurde darauf offensichtlich kein Wert gelegt. Man folgte diesem Prinzip auf dem ganzen Türblatt, womit jedoch eine Willkürlichkeit dieser Ausführungsvariante nicht anzunehmen ist[251].

Mit den so aufgebrachten oder eingearbeiteten Querverstrebungen erhielten die Konstruktionen verbesserte mechanische Eigenschaften. Man erkannte jedoch bei beiden Bauweisen konstruktive Schwierigkeiten, da das Holz nicht frei *Arbeiten* konnte. Es kam zu Spannungen und in deren Folge kam es zu Rissbildungen[252]. Man suchte nach Konstruktionen, die ein ungehindertes Arbeiten der Hölzer bei hoher Stabilität ermöglichten[253].

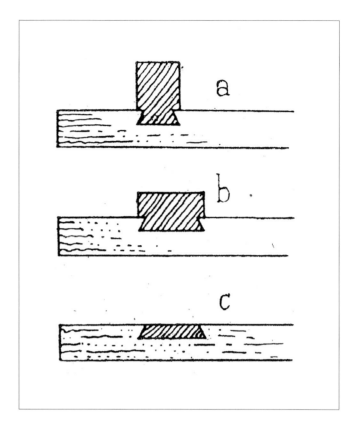

Abb. 40: Verschiedene Gratfederarten (stehend, liegend, bündig)

Als Lösung der Problematik entwickelte sich stufenweise die Gratverbindung[254], die heute zu einer der ältesten Holzverbindungen im Tischlerhandwerk gehört.[255] Man findet diese Verbindung sowohl im Bereich der Möbel- als auch der Bautischlerei in unterschiedlichen Ausführungen (vgl. Abb. 40). Sie ist dazu gedacht dem *Werfen* der Hölzer entgegenzuwirken[256].

Im Bereich der Bautischlerei wird die liegende Gratleiste der Form *b* heute am häufigsten eingesetzt, da sie ein gutes statisches Format besitzt und in der Fläche nicht zu weit über das Türblatt hinausragt. Die flächenbündige Gratung der Form c weist unter den drei abgebildeten Varianten die geringste Stabilität in Hinblick auf das *Arbeiten* der Hölzer auf, wurde jedoch im Untersuchungsgebiet als Hauptkonstruktionsform dokumentiert[257]. Umso mehr erstaunt es, dass fast alle Türblätter mit dieser Form der Gratung vorgefunden werden konnten.

Bauer hat eine datierende Einordnung von Gratleistenverbindungen an den Bohlentüren der Klosterkirche

Maulbronn unternommen.[258] Sie setzt die unterschiedlichen Merkmale in Zusammenhang mit den dendrochronologischen Daten, die sie während den Untersuchungen an den Türblättern erheben konnte.

Neben wenigen Sonderkonstruktionen, die abweichende Merkmale gegenüber den in der Masse vorgefunden Türblättern zeigen[259], nennt sie als älteste Form der Gratung die flächenbündige Konstruktion an einem etwa 7 Zentimeter starken Türblatt. Sie ist flächenplan mit der Oberfläche gearbeitet und nicht komplett durch das Türblatt geführt. Die Leisten wurden zusätzlich mit Holznägeln mit den Bohlen vernagelt[260]. Diese Konstruktion konnte in Maulbronn an einem Türblatt anhand der ermittelten dendrochronologischen Daten in die 2. Hälfte des 12. Jahrhunderts eingeordnet werden[261].

Als nächste Art beschreibt Bauer die Gratung eines Türblattes mit einer Stärke von 8 Zentimeter, bei der die Gratleisten komplett über die Türblattoberfläche geführt wurden. Sie ragen in der Fläche über das Türblatt hinaus, sind ebenfalls mit Holznägeln gesichert und schwach dachförmig profiliert[262]. Dendrochronologisch wurde dieses Türblatt in das letzte Drittel des 12. bis Anfang des 13. Jahrhunderts eingeordnet[263]. Erstmalig tauchen in diesem Zusammenhang in Maulbronn Türblätter mit Wechselfalz auf. *„Diese technologische Neuerung ist* [dort] *in der Folge an allen jüngeren Türen des 13. und 14. Jahrhunderts zu beobachten.“*[264]

Eine dritte Gruppe unterscheidbarer Gratverbindungen, bei denen die Türblätter in einer Stärke von etwa 5 Zentimeter vorlagen, zeigte ähnliche Merkmale wie die vorgenannte. Hierbei sind jedoch die Gratleisten nicht mehr über die komplette Türblattbreite geführt, sondern enden vor der Schließkante. Gleichzeitig hat man auf eine Sicherung der Leiste mit Holznägeln verzichtet[265]. Diese Konstruktion konnte zwischen 1300 und 1400 datiert werden[266].

Im Untersuchungsgebiet ist an einigen Türen auffällig zu erkennen, dass man bei der Gratung bewusst auf die Parallelität der Gratleisten verzichtet hat[267]. Der Grund dazu wird in dem Wissen um die fachlich korrekte Nagelweise liegen, die man vermutlich auf die Lage der Gratleisten übertrug. Man kannte die Regeln zum Vernageln von Leisten, Brettern oder Bohlen, wie sich an alten Nagelungen zweifelsfrei nachvollziehen lässt. Entfernt man Nägel aus einer Brettfläche, sollten diese nicht parallel zueinander liegen. Es wird sich in den meisten Fällen ein diffuses Nagelbild zeigen.

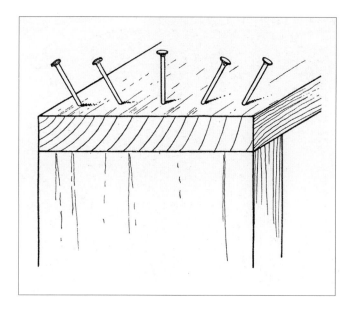

Abb. 41: Stumpfe Vernagelung

Die Nägel wurden nicht parallel zueinander in das Holz eingetrieben, weil schräg zueinanderstehende Nägel die Nagelung zusätzlich sichern und verstärken. Ähnlich verhält es sich mit nicht parallel zueinander verlaufenden Gratleisten. Sollte die Konstruktion instabil werden, sperren die Gratleisten gegeneinander und geben ihr so weiter Halt. Diese Art des Gratleisteneinschubes ist dauerhafter und stabiler einzuordnen, als eine parallel ausgeführte Gratung, stellt jedoch kein Indiz für einen möglichen Entstehungszeitraum dar.

Gleichzeitigkeiten

Zusammenfassend soll am Beispiel der Sakristeitür Bernau[268] gezeigt werden[269], dass unterschiedliche Werkzeugspuren an einem Werkstück erhalten sein können. Die Tür präsentiert sich zum Kirchenraum hin, als eichernes, dreibohliges, ockerfarben gefasstes, mit aufwändiger Schmiedearbeit belegtes, gegratetes Türblatt. Auf der entgegengesetzten Seite sind verschiedene Bearbeitungsspuren und Oberflächenqualitäten erhalten geblieben.

In einigen Bereichen finden sich Spuren, die darauf hindeuten, dass das Holz gespalten wurde. Dort wurden Faserstränge aus der Holzfläche gerissen. Durch eine Bearbeitung mit dem Beil sind Marken vorhanden,

Abb. 43: Verschiedene Werkzeugspuren auf der Fläche (Kat. 2)

die Schruppspuren und Schlichtspuren zeigen. Einige Flächen scheinen mit einem Zieheisen bearbeitet worden zu sein. Zum Herstellen der Fälze zwischen den einzelnen Bohlen verwendete man einen Hobel, der eine Scharte in der Schneide hatte. Diese Scharte markiert sich in allen sichtbaren Fälzen an den gleichen Stellen.

Auffallend ist an dieser Tür, dass sich die drei Gratleisten sehr sauber gearbeitet darstellen. Die hohlkehlartig ausgearbeiteten Endungen tragen Arbeitspuren von Stecheisen. Lediglich die beiden unteren sind mit großen Nägeln mit den Bohlen vernagelt und auf der gegenüberliegenden Seite gekröpft. Die Fasc an dcn Randbereichen der oberen Gratleiste wurde nicht so sorgfältig ausgeführt, wie bei den unteren. Zusätzlich fehlen die

auffälligen Nagelungen. Diese Leiste ist auch konstruktiv andersartig hergestellt worden, was darauf hindeuten kann, dass sie zeitversetzt in das Türblatt eingearbeitet worden ist. Da beim Montieren des oberen Bandes ein Teil der Gratleiste ausgearbeitet worden ist, wurde diese Leiste möglicherweise während dieses Arbeitsganges angebracht.

An diesem Türblatt haben sich viele Marken unterschiedlicher Werkzeuge erhalten. Die Spuren und Qualitäten müssen immer auch im Zusammenhang der jeweils herrschenden technischen Möglichkeiten und Fertigkeiten gelesen werden. Fügt man unter diesem Blickwinkel die Beobachtungen an der Bernauer Tür zusammen, kommt man zu dem Schluss, dass an diesem Türblatt Spuren fast aller vorgestellten Handwerkzeuge zum Einsatz kamen. Nach Auffassung des Autors erscheint es unwahrscheinlich, dass die verwendeten Materialien einer Zweitverwendung entspringen, die eine mögliche Erklärung für die vielfältig vorhandenen Arbeitsspuren liefern könnte. Für eine Reihe von Türblättern im Untersuchungsgebiet gilt eine Zweitverwendung als gesichert, weshalb diese Betrachtung mit in die Überlegungen einbezogen werden muss.[270]

Die beschriebenen Gleichzeitigkeiten und Überlagerungen von Produktionsmethoden erstrecken sich auch auf die Herstellung von Sägeprodukten. Neben dem Vormarsch der Bearbeitung der Hölzer in Sägemühlen bediente man sich weiterhin dem Zurichten des Schnittholzes mit dem Sägen von Hand[271]. Hierzu wurden ungespannte und gespannte Sägen verwendet. Im Zimmererhandwerk blieb auch die Bearbeitung mit dem Beil bis ins 20. Jahrhundert hinein eine übliche Technik zum Herrichten und Glätten des Bauholzes[272].

Aus diesem Grund ist eine Eingrenzung anhand von Bearbeitungsspuren auf bestimmte Zeiträume nicht sicher abzuleiten. Wohl aber kann eine Einschätzung über den Aufwand und die verwendeten Technologien anhand der Arbeitspuren und der Auswertung des Quellenmaterials getroffen werden.

Bemerkenswert ist, dass die zum Teil aufwändigen Holzverbindung und Breitenverbindungen erstaunlich innovativ und in guter Qualität ausgeführt wurden. Dem entgegen, stellen sich die Holzoberflächen rau, fast im Grobzustand belassen dar. Es stellt sich die Frage, warum diese unterschiedliche Gewichtung angesetzt wurde. Die Türblätter wurden möglicherweise als reine Funktionselemente betrachtet. Hierbei war es offenbar notwendig, dass die Türen robust und möglichst dauerhaft hergestellt waren. Offenbar wurde den Breitenverbindungen und den Fugenausbildungen ein größeres Gewicht beigemessen, als der Oberflächenqualität.

Im Rahmen der gesamten Funktion und Erscheinung eines Türblattes spielten die Beschläge eine zusätzliche und außerordentlich entscheidende Rolle, weshalb in den nun folgenden Kapiteln näher darauf eingegangen werden soll.

Die Beschläge

Ein Beschlag definiert sich als „*Element aus Eisen, Bronze, Messing* [...] *oder Holz zum Verbinden und Halten, zum Bewegen, zum Verschließen, zum Schutz vor Beschädigung, zum Stützen, Tragen und als Handhabe und Griff, z. B. Bänder, Schlösser, Türklinken usw.* [...]."[273]

Bei einer Differenzierung dieser vielfältigen Bauteile kann man grundsätzlich zwei Beschlaggruppen unterscheiden. Zum einen sind es die Funktionsbeschläge, die eine technische Funktion per Definition übernehmen. Zum anderen die Beschläge, die der reinen Zierde dienen und somit ohne technische Funktion sind. Diese liegen in der Regel schmückend auf der Fläche des Türblattes, weshalb sie im Weiteren als Flächenbeschläge bezeichnet werden sollen. Beiden Beschlaggruppen kommen wesentliche Funktionen zu, die in den folgenden Kapiteln untersucht werden sollen. Außerdem wird ein kurzer Überblick die Eisengewinnung im Untersuchungsgebiet skizzieren.

Im Lausitzer Raum ist die über den Eigenbedarf hinausgehende Eisengewinnung bis auf die spätrömische Zeit vom 3. bis 5. Jahrhundert nachweisbar[274]. Archäologische Grabungen haben Funde von Schlackenhalden zutage gefördert, die dort auf eine Verhüttung für das 10. bis 12. Jahrhundert hindeuten[275]. Ab diesem Zeitpunkt verdichten sich die Hinweise zur Herstellung von schmiedbarem Eisen. Letztlich wurden die „*Lausitzer Eisenerze* [...] *noch bis in die frühe Neuzeit abgebaut, verhüttet und geschmiedet*"[276]. 1972 ist der Abbau von Raseneisenstein[277] in der Lausitz eingestellt worden[278].

Für die Eisenherstellung benötigte man, neben Raseneisenstein[279] auch Holzkohle, die in der Lausitz vorhanden war. Sie wurde aus dem Holz der weit verbreiteten Wälder gewonnen. Die Raseneisensteinvorkommen lagerten oberflächennah und konnten so leicht abgebaut werden. Die Eisenverhüttung verschlang große Mengen dieser Rohstoffe[280]. Etwa 30 Kilogramm Raseneisenerz und 30–40 Kilogramm Holzkohle waren notwendig, um ein Kilogramm schmiedbares Eisen herzustellen[281]. Der Aufschmelzprozess in einem Rennofen[282] nahm in etwa zwei Tage Arbeit in Anspruch und kann als sehr kostenintensiv beschrieben werden. Sowohl der Einsatz der Rohstoffmengen, als auch die aufwändige Gewinnung lassen erahnen, wie wertvoll Eisen und die daraus hergestellten Produkte waren. Das so gewonnene Material konnte vielseitig eingesetzt werden. Erhaltene Werkzeuge, aber auch funktionale[283] oder figürlich gestaltete[284] Beschläge an Türen zeugen von dessen Dauerhaftigkeit.

Die Funktionsbeschläge

Die Bänder

Bänder[285] mit Kloben[286] sind notwendige Funktionsbeschläge einer Tür, da sie den Türflügel – neben den eisernen Gurten – stabilisieren, ihn in eine Drehlage versetzten und gleichzeitig vor Einbruch schützen. Band und Kloben stellen eine bautechnische Einheit dar. Sie ermöglichen die Drehbewegung und gleichzeitig den Einbruchsschutz, der im Lauf der Zeit immer vielfältigere Variationen und technische Innovationen hervorbrachte. Über diese rein technischen Eigenschaften hinaus, übernahmen sie gestalterische Aufgaben.

Als Ausgangsmaterial für die Beschläge verwendete man schmiedefähiges Roheisen. Zur Herstellung eines Bandes wurde dieses Material in den meisten Fällen in eine dreieckig längliche Grundform flächig ausgeschmiedet, wobei das schmale Ende stärker hergestellt wurde als das breite. Am schmalen, dicken Ende wurde

Abb. 44: Lappenband in Dreiecksform (Kat. 32)

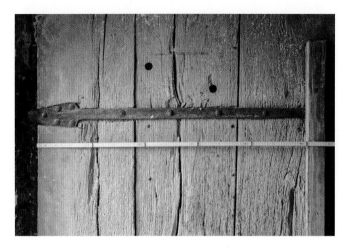

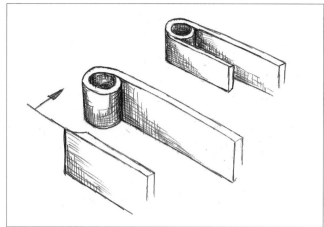

Abb. 45: Langband mit Dreieckslappenbandansatz (Kat. 10)   *Abb. 46: Darstellung eines Gabelbandes*

eine Bandrolle als Drehlager angeschmiedet. Das breite Ende ist flächig, lappenartig ausgeschmiedet worden, um eine größere Auflagefläche zu erhalten[287]. Diese Bandgeometrie erhöhte die Haltbarkeit der Türkonstruktion, da in diesem Bereich die Drehbewegung, aufgrund des anliegenden Hebels, die größten Kräfte verursacht. In der Literatur werden derartig ausgeformte Bänder als Schwalbenschwänze[288] bezeichnet.[289]

Diese Form des dreiecksartigen Bandlappens kann, auch geographisch verbreitet[290], als Ausgangsform vieler Bänder angesehen werden. Ganz ähnliche Formen, auch als eingelassene Variante, findet man an Möbeln um 1300[291]. An einer Vielzahl von Türen im Untersuchungsgebiet liegt er weiterentwickelten Bandkonstruktionen zugrunde. Zum Beispiel erweiterte man den Lappen zur Verbesserung der Stabilität mit einem türblattumgreifenden Gurt[292] und kombinierte so deren Funktion. Diese Bänder hat man, da die Roheisenteile nicht in voller Türbreite zur Verfügung standen, durch anschweißen verlängert[293].

Die so als Langband[294] hergestellten Beschläge können als Kombination zwischen Dreieckslappenband und Eisengurt betrachtet werden. Diese Form der Bandgrundkonstruktion findet sich an Möbeln und Türen des 13. bis 15. Jahrhunderts[295].

An einigen Kirchentüren konnten sog. *„flämische Bänder"*[296] nachgewiesen werden[297]. Diese, *„die aus zween Theilen zusammen gesetzet sind, die auf beyden Seiten der Thüre angemacht werden, so, daß sie die ganze Dicke des Holzes umfassen"*[298], sind als wesentlich haltbarer einzustufen, als einseitig gearbeitete Langbänder. Sie umfassen

das Türblatt zangenartig und werden auch als Gabelband[299] bezeichnet. Somit sind die Langbandkonstruktionen in ihrer Haltbarkeit erheblich verbessert worden.

Betrachtet man in diesem Zusammenhang die Befunde, muss man erkennen, dass ein flächenbündig eingelassenes Gabelband nicht einfach zu montieren war. Diese Bänder waren einseitig, z. T. auch beidseitig, ornamental ausgeschmiedet, was die Montage zusätzlich erschwerte und Fragen aufwirft.

Bei der in Abbildung 46 skizzierten Ausführungsvariante wäre es notwendig gewesen, zuerst die Langbänder im Türblatt einzulassen und zu befestigen. Im Anschluss könnte das Band als Gabelband durch handwerkliches Verschweißen[300] des zweiten Bandteiles an der Bandrolle vervollständigt werden.

Die abgerissenen Schweißnähte an den Bändern der Sakristeitür der Kirche Krüden[301] weisen möglicherweise darauf hin, dass eine einseitige und offenbar unzureichende Verschweißung ausgeführt wurde. Heute findet sich der obere Bandlappen noch an der Tür, währenddessen der untere nicht mehr vorhanden ist. Es erscheint unwahrscheinlich, zumindest jedoch fragwürdig, dass dieser Vorgang so oder ähnlich ausgeführt worden ist, da für eine handwerklich einwandfreie Verschweißung beide zu verschweißenden Metallteile hätten stark erhitzt werden müssen[302] und keine Brandspuren auf den Türblättern zu finden sind.

Als weitere Variante wäre vorstellbar, dass die Bänder als leicht geöffnete Einheit vorlagen. Die Langbänder wurden auf das Türblatt gebracht und befestigt, also angeschlagen[303]. Im Anschluss musste die Gabel mit Gewalt auf das Türblatt gelegt werden. *„In kaltem Zustand lässt sich das Schmiedeeisen bis zu einem bestimmten Grad durch Hämmern in der Form verändern […]. Der Verarbeitung sind* [jedoch] *Grenzen gesetzt"*[304]. Bei dieser Art der Bearbeitung entstehen starke Scherkräfte im Eisen. Da Schmiedeeisen spröde Eigenschaften zeigt und somit Matarialbruch befördert, erscheint auch diese Variante nicht uneingeschränkt nachvollziehbar. Somit bleibt die Frage unbeantwortet, wie diese Bandart durch die Berufsgruppe der Anschläger[305] montiert wurde.

Das Aufbringen der Beschläge oblag in der Regel dem Anschläger. Er wird in der Literatur bis zur Mitte des 20. Jahrhunderts als nicht dem Tischlerhandwerk, sondern regelmäßig dem Schlosserhandwerk zugehörig beschrieben[306]. In den meisten Fällen wird er, nachdem die Beschläge vom Schmied und das fertige Türblatt vom Türenbauer geliefert wurden, die tragenden und schmückenden Beschläge auf dem liegenden Türblatt montiert haben.

Der erste Befestigungspunkt zwischen Band und Türblatt war als Niet ausgebildet[307], um den großen Kräften der Drehbewegung standzuhalten. Das fertig beschlagene Türblatt wurde auf der Baustelle mit den Kloben im Mauerwerk eingemauert und somit endgültig am Bauwerk befestigt.[308]

Bei komplexen Bauaufgaben, wie an der Kirchentür in Stöbritz (Kat. 38), lässt sich erkennen, dass der Schmied, der Türenbauer und der Anschläger eng zusammengearbeitet haben müssen. Das war zu dieser Zeit nicht selbstverständlich, da die Arbeitsbereiche der Berufsgruppen durch Zunftzwang klar definiert waren. Aber *„bey sauberen Arbeiten ist es in den meisten Provinzen gut, wenn sich der Schlösser und der Tischer vereinigen, um die Beschläge anzuschlagen"*[309].

An besagter Tür in Stöbritz sind sämtliche Arbeiten in hoher Qualität ausgeführt worden, sodass es wahrscheinlich ist, dass mehrere Gewerke gemeinsam diese Bauaufgabe vollendeten. Man muss bei der Güte dieser Arbeit davon ausgehen, dass der Tischler das Türblatt und der Schmied die Bänder fertigte. Im Anschluss wurden die Bänder vermutlich dem Tischler übergeben. Dieser arbeitete sie mit ihren lilienartig ausgeformten Ornamenten sehr präzise flächenbündig in das Türblatt cin, was einem Arbeiter eines artfremden Berufes in dieser Qualität vermutlich nicht gelungen wäre. Im Anschluss wird der Anschläger das Langband befestigt

und zu einem Gabelband umgearbeitet haben, denn das Band wäre als Ganzes so nicht am Türblatt montierbar gewesen. Nach der Vervollständigung des Gabelbandes mussten die Kloben im Mauerwerk eingesetzt werden. *„Die, so in die Mauer kommen, werden bloß in den Provinzen von den Schlössern angeschlagen: in Paris gehöret dieses Recht den Maurern"*[310]. Folglich könnte bei unseren Kirchen in diesen Prozess zusätzlich ein Maurer eingebunden gewesen sein.

Die Lage der Bänder auf der Türblattoberfläche brachte es mit sich, dass die Türblätter nicht frei gestalten werden konnten. Im Vorfeld musste geplant werden, wie sie sich in das Gestaltungskonzept der Tür einfügen ließen. Um diesem Problem zu begegnen, hat man in St. Gotthardt zu Brandenburg[311] eine innovative und einzigartig vorgefundene Konstruktion eingesetzt. Im Westturm der Kirche sind zwei Türen zu finden, bei denen man offenbar besonderen Wert auf Gestaltung und Qualität legte[312]. Hier sind verdeckt im Holz liegende Bänder verwendet worden[313], die heute als Fitschenbänder bezeichnet werden. Diese *„Beschläge sind* […] *jederzeit zu Thüren von sauberer Tischlerarbeit* […] *bestimmet"*[314].

Sie wurden in die Seitenkanten des Türblattes eingelassen. Einem Schaden am unteren, bandnahen Brett der südlichen Turmtür ist es zu verdanken, dass diese Ausnehmung gut erkennbar offenliegt (Abb. 47). Das Band ist an dieser Stelle nicht mehr vorhanden. Man kann jedoch den Abdruck des Bandlappens deutlich am Holz wahrnehmen. Im Fall dieser Türen wurden etwa 3 Zentimeter hohe, 1,5 Zentimeter starke und 20 Zentimeter lange, beidseitig konisch spitz zulaufende Bandlappen in

Abb. 47: Ehemaliger Bandsitz an dunkler Fläche (Kat. 3)

Abb. 48: Innenliegende Fitsche mit ausgeschlagenem Sicherungsnagel (Kat. 3)

die etwa 5 Zentimeter starken Türblätter eingearbeitet. Dabei ist es erstaunlich, wie funktional und präzise diese Konstruktion hergestellt wurde. Die Bandlappen wurden in die vorbereiteten Löcher eingeschlagen. Um ein Herausrutschen der Bänder zu verhindern, durchbohrte man die Türblätter in der Fläche durch die Bandlappen hindurch bis auf die gegenüberliegende Seite. In diese Löcher trieb man Schmiedenägel mit schön ausgeformten Köpfen[315] und verkröpfte oder vernietete die Nagelschäfte auf der gegenüberliegenden Seite der Türblätter. Diese Nägel finden heute auch noch Verwendung. Sie sind jedoch kopflos, werden im Holz versenkt und als Fitschenstifte bezeichnet. Oberhalb und unterhalb dieser Einstemmbänder, fasste man das Holz mit kurzen Eisengurten ein, um den auftretenden Hebelkräften entgegenzuwirken und somit die Bandkonstruktionen zu stabilisieren. In verschlossenem Zustand sind diese Eisengurte durch den Mauerwerksanschlag weitestgehend verdeckt. Somit ist die Bandkonstruktion unsichtbar und die Flächen konnten frei gestaltet werden. Für beide Türblätter wurden unterschiedlich gestaltete Flächenbeschläge hergestellt.

Die Sperrbalken

Als einfache, wenig anfällige, sehr haltbare und ohne größeren Aufwand herzustellende Form der Sicherung einer Tür kann der Sperrbalken angesehen werden. Er wurde zum Verschließen aus einer im Mauerwerk be-

Abb. 49: Durchgehende Sperrbalkensicherung (Kat. 6)

findlichen Tasche herausgezogen und quer zur Türblattöffnung in eine Tasche auf der gegenüberliegenden Seite eingeschoben (Abb. 49).

Das Türblatt war somit gegen Einbruch gesichert und erfüllte darüber hinaus eine *„Wehr- und Schutzfunktion"*[316]. Die beschriebenen Mauerwerkstaschen wurden mit (Kat. 6, 8, 10) und ohne (Kat. 33, 46) Holz ausgekleidet vorgefunden[317] und waren horizontal in etwa mittig in der Türöffnung platziert. Hierzu war es notwendig, bereits bei der Errichtung des Bauwerkes eine entsprechend große Balkentasche im Mauerwerk vorzusehen. In Stöbritz[318] und Vielbaum[319] wurden Halbbalken (Abb. 50, 62) zur Sicherung des Portals verwendet, wobei der in Vielbaum mit Bandeisen umfasst war. An beinahe allen Türen mit Sperrbalken waren ursprünglich keine Schlösser vorhanden.

In der Regel wurden alle Kirchen mit mehr als einem Zugang vorgefunden. Wo sich Sperrbalken erhalten haben, waren sie am Gemeindeportal vorgesehen. An

Abb. 50: Halbsperrbalken am Türblatt in Überwurf gehalten (Kat. 39)

lich von außen mit einem mächtigen Schlüssel bedienen kann. Der Sperrbalken lässt sich lediglich von innen bedienen und kann demnach zweierlei Funktionen erfüllen. Zum einen ist es vorstellbar, dass sich die Einwohner in einer Gefahrensituation in den Kirchenraum zurückzogen, um die Tür von innen zum Schutz zu verbarrikadieren. Zum anderen wäre es ebenfalls vorstellbar, dass der Sperrbalken während des Gottesdienstes oder eines anderen liturgischen Aktes Verwendung fand. Man erhoffte sich in jedem Fall damit eine Sperrfunktion gegen unbefugtes Öffnen von außen.

Die Aushebelsicherungen

In einigen Kirchen hatte man offenbar das Bedürfnis, neben einem Sperrbalken oder Schloss zusätzliche Sicherungsmaßnahmen an den Türen zu installieren. Dort

Abb. 51: Türblatt sperrt am Sturz (Kat. 28)

den Priesterpforten hingegen, waren Schlösser montiert. Demnach war es offenbar üblich, dass der Kirchenvorsteher die Kirche über das Priesterportal betrat und dann das Gemeindeportal öffnete. Es war offenbar kostengünstiger, dort einen Sperrbalken zu montieren, als ein aufwändiges Schloss einzusetzen.

In diesem Zusammenhang muss auf die Besonderheit einer Doppelsicherung der Kirchentür in der Dorfkirche Falkenhain[320] hingewiesen werden. Die einzige Zugangstür zum damaligen Kirchenraum ist neben einem, vermutlich bauzeitlichen Balkenschloss zusätzlich mit einem massiven Sperrbalken gesichert, der ebenfalls bauzeitlich zu sein scheint[321].

Untersucht man die Funktionsweisen dieser beiden Bauteile bemerkt man zwei unterschiedliche Beweggründe zur Anlage dieser Sicherungselemente. Das Balkenschloss[322] ist so angelegt, dass man es ausschließ-

Abb. 52: Zusatzholz sperrt am Sturz (Kat. 15)

Abb. 53: Zusatzmetall sperrt am Sturz (Kat. 3)

Abb. 54: Türblatt sperrt am Scheitelstein (Kat. 2)

sind Aushebelsicherungen für die Türen in verschlossenem Zustand angelegt, um Einbruch oder mechanischer Gewalteinwirkung entgegenzuwirken. Wenn die baulichen Gegebenheiten nicht automatisch ein Aushängen aufgrund der umgebenden Mauerwerksgeometrie (Abb. 51) verhindern konnten, wurden zusätzliche Hölzer (Abb. 52)[323] oder Metallteile (Abb. 53)[324] montiert.

In Schönborn behalf man sich damit, am westlichen Portal[325] ein zusätzliches Langband in der Mitte zu montieren. Der Kloben dafür weist mit seinem Dorn nach unten, sodass das Türblatt nicht ausgehebelt werden kann, ohne das mittlere Band abzunehmen.

In der Kirche Bernau[326] und vielfach in St. Gotthardt zu Brandenburg, aber auch in angrenzenden Regionen[327], ragen Scheitelsteine aus der Mauerwerksfläche direkt über den Türblättern heraus, die ein Aushängen in verschlossenem Zustand unmöglich machen (Abb. 54).

Die Schlösser

Als Schutzmaßnahme gegen unbefugtes Betreten sind Verriegelungen an den Türblättern montiert worden. Im Untersuchungsgebiet wurden Schlösser und Zusatzriegel unterschiedlichster Bauart, Größe und Materiali-

tät vorgefunden. Oftmals sind Spuren älterer Schlösser und Schlüsselschilder auf den Türen erkennbar. Offenbar wurden defekte Schlösser, wenn sie irreparabel waren, ersetzt. Das zeigt sich an der Bandbreite der heute vorhandenen Schlösser.

Neben einer Reihe eiserner Kastenschlösser finden sich an den 47 gesichteten Türen 9 erhaltene Holzkastenschlösser. An weiteren 22 Türen kann anhand der Befundlage davon ausgegangen werden, dass hier ebenfalls Balkenschlösser montiert waren. Sperrbalken wurden als Verschlussvariante an 7 Türen eingesetzt.

Anhand der gewonnenen Erkenntnisse kann man davon ausgehen, dass diese bisher eher unbeachtete Art der Balkenschlösser massenhaft und flächendeckend im Einsatz war. Derartige Schlösser wurden in einem weit gefassten geografischen Raum eingesetzt. Nicht nur im Brandenburger Raum[328], sondern auch im heutigen Hessen[329] Niedersachsen[330], Sachsen-Anhalt[331], Sachsen[332], im norwegischen[333] oder alpinen[334] Raum wurden sie als gängige Sicherungssysteme eingesetzt. Die Bauweise der Balkenschlösser stellt sich weitestgehend einheitlich dar. In der Literatur ist sie jedoch kaum belegt[335].

Um ein Grundverständnis für die Wirkungsweise dieser Schlösser zu erlangen, sind in Abbildung 55 die wesentlichen Bauteile bildlich dargestellt. Goerig stellt

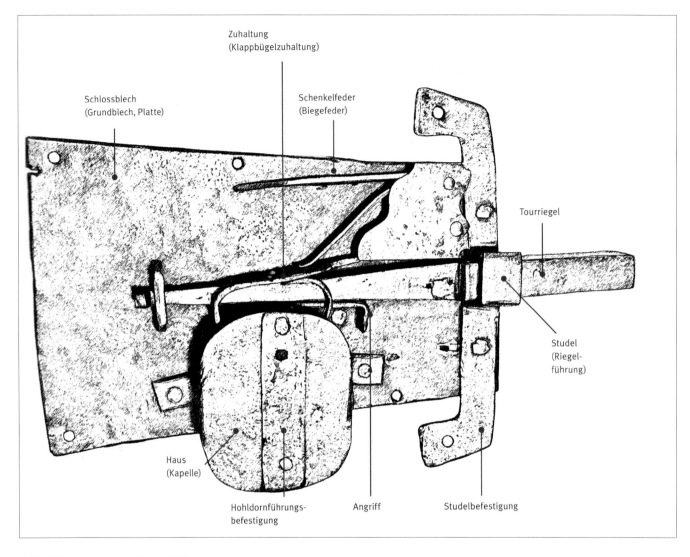

Abb. 55: Schaubild: offenes Schlosses

verschiedene Schlossarten, deren Wirkungsweise und schlossbetreffende Fachbegriffe, die nachfolgend in der Beschreibung eines Balkenschlosses benannt werden, kurz und aussagekräftig vor.

In ein Balkenstück mit einer beispielhaften Breite von 20 Zentimeter, einer Höhe von 33 Zentimeter und einer Bautiefe von 13 Zentimeter wurde etwa mittig eine 5 Zentimeter tiefe Ausnehmung hergestellt[336], in der die notwendigen eisernen Bauteile eines Schlosses Platz fanden. Das waren bei den einfachen Schlössern ein eiserner Riegel mit angeschmiedetem U-förmigen Angriff[337] zum Verschluss der Tür und ein nagelartiger Dorn. Über diesen Dorn wurde ein Hohldornschlüssel[338] gesteckt, der im Schließfall dann einer zentrierten, kreisförmigen Drehbewegung folgen konnte.[339] Der Bart lief

in den Angriff ein und bewegte so den Riegel. Die frühen Schlösser besaßen keine Zuhaltung[340], woraufhin die Riegel jederzeit manipuliert werden konnten. Daraufhin setzte man im Laufe der Zeit zunächst Schwerkraftzuhaltungen und nachfolgend Federzuhaltungen ein, die den Schlossriegel in einer definierten Position fixierten. Man benötigte einen passend ausgeformten Schlüsselbart am Schlüssel, der zuerst die Feder anheben musste und somit die Zuhaltung anhob. Dadurch konnte der Riegel mit dem Schlüsselbart bewegt werden[341]. Dieser wiederum musste nun mit einer einfachen Profilierung versehen sein. Man verbesserte die Schlösser weiter, indem man ein kreisförmiges Eingerichte[342] als Drehsperre für falsch profilierte Schlüssel um den Dorn herum positionierte. Somit musste der Schlüsselbart kom-

Abb. 56: Balkenschloss mit Gurtbändern und Stulpblech (Kat. 19)

Abb. 57: Balkenschloss mit Gurtbändern und Stulpblech (Kat. 38)

Abb. 58: Balkenschloss mit Gurtbändern und Stulpblech (Kat. 22)

plex ausgeformt sein, um eine Schließung zu ermöglichen. Um die Schlosskonstruktion solider und langlebiger zu gestalten, wurde an den Austrittsstellen des, durch den Schlosskasten hindurchreichenden, Riegels an beiden Seiten Führungsbleche vorgesehen, die aus einem schlossumfassenden Eisenband herausgearbeitet waren.

Im westelbisch gelegenen Vielbaum[343] findet sich ein Schloss, das in dieser Bauform einzigartig in den untersuchten Kirchen ist und hier näher beleuchtet werden soll. An der südlich gelegenen Priesterpforte wurde ein 62 Zentimeter langes, 20 Zentimeter hohes und 12 Zentimeter tiefes Balkenschloss an einer beeindruckenden 98 Zentimeter breiten und 9 Zentimeter starken, einteiligen eichernen Bohlentür montiert. Der Schlosskasten ist im Randbereich der Tür in voller Stärke und nach hinten abfallend, beidseitig konisch hergestellt. Er ist von zwei Gurtbändern umfasst. Zwei weitere dienen der zusätzlichen Befestigung am Türblatt. Auf der Stirnseite, an der der Riegel austritt, ist das Hirnholz vollflächig mit Blech verdeckt. Der Schlossriegel zeigt sich lediglich auf

der Schließseite offenliegend. Entgegen den bisher beschriebenen, in stehendem Format verbauten Schlössern, ist dieses Schloss liegend am Türblatt angebracht worden. Am stark überformten Türblatt im Westportal der Kirche Vielbaum ist anhand des Nagelbildes auf der Innenseite ablesbar, dass auch dort ein querliegendes Balkenschloss montiert war. Diese Bauform ist in der Literatur lediglich mit einigen Abbildungen vertreten[344]. Beschrieben sind diese Schlösser für den Raum Norwegen[345] und den der Schweiz[346]. Mit diesem Schloss, im elbnah gelegenen Vielbaum, ist nun auch ein erhaltenes, in Funktion befindliches Exemplar, für den mitteldeutschen Raum nachgewiesen, sodass man davon ausgehen kann, dass diese Bauart, wenn auch nicht als Hauptbauform, in diesem Raum ebenfalls Verwendung fand.[347]

Die Bearbeitungsspuren der Holzkästen sind mit Sägespuren, schroffen Axthieben und Ausbrüchen als grob einzustufen. Die Schmiedearbeit hingegen scheint ordentlich ausgeführt worden zu sein. Stellenweise erkennt man Bearbeitungsspuren von Feilen[348] und Marken der Stempel des Schmiedes[349], die denen der

  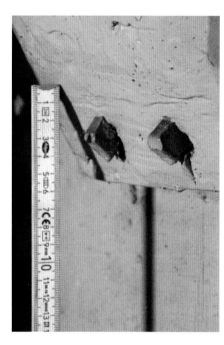

Abb. 59: Giebelartiger Nagelkopf am Balkenschloss (Kat. 19)

Abb. 60: Giebelartiger Nagelkopf am Balkenschloss (Kat. 42)

Abb. 61: Giebelartiger Nagelkopf am Balkenschloss (Kat. 22)

Abb. 62: Quer liegendes Balkenschloss und Halbsperrbalken (Kat. 42)

Abb. 63: Wappenartiges Schlüsselschild (Kat. 28)

Abb. 64: Wappenartiges Schlüsselschild (Kat. 19)

Abb. 65: Wappenartiges Schlüsselschild (Kat. 1)

Steinmetze nicht unähnlich sind. Es zeigen sich also sehr gegensätzliche Bearbeitungsqualitäten der unterschiedlichen Materialien bei sehr ähnlicher Bauweise. Daraus lässt sich ableiten, dass der Schlossschmied möglicherweise auch den Holzkasten herstellte, was diese, sich stark unterscheidenden Qualitäten erklären kann. Schlossumfassende Eisenbänder sollten die Stabilität des Schlosskastens unterstützen und das Aufreißen der Hölzer erschweren.

Bei dieser beispielhaften Betrachtung der abgebildeten Schlösser wird deutlich, dass neben technischer Gleichartigkeiten auch rein optische und bauliche Ähnlichkeiten bestehen. Zum einen sind die Schlösser aus einem Balken hergestellt und an beiden Enden, also oben und unten, schräg abgearbeitet[350]. Zum anderen wurde auf das Abschrägen zugunsten der Herstellung eines geraden Absatzes verzichtet[351]. Ähnlich wie bei den Türen, versuchte man bei allen Balkenschlössern dem Reißen des Holzkastens durch einfassen oder umspannen mit Eisenbändern zu begegnen. Durch diese Bänder hindurch wurde es von innen mit schweren, schmiedeeisernen Nägeln am Türblatt befestigt.

Bemerkenswert sind die Nagelkopfformen der verwendeten Schmiedenägel, um das Schloss am Türblatt zu befestigen. In beinahe allen Fällen wurden die Schlösser mit schweren, annähernd gleichgroßen und markant ausgeformten Nägeln am Türblatt befestigt. Die hierfür verwendeten Nägel wurden am Kopf giebelartig ausgeschmiedet und fanden ihr Widerlager am schlossumfassenden Eisenband (Abb. 59, 60, 61).

Die Schlüsselschilder

Zusätzlich zu den unterschiedlichen Schlosskonstruktionen mussten offenbar weitere Sicherungsmaßnahmen gegen unberechtigtes Öffnen entwickelt werden. Man brachte im Zuge dieser Überlegungen auf der Außenseite ein Schlüsselschild an, in dem ein Loch in der Schlüsselform eingearbeitet war. Somit konnte man das Schloss nicht ohne Weiteres mit einem ähnlich gearbeiteten Schlüssel bedienen. Die Gestaltung der Schlüsselschilder scheint weitestgehend und in einer Reihe von Kirchen, auch über geographisch weit gefasste Räume, erstaunlich ähnlich zu sein.

In ein dünnes Eisenblech ist ein Schlüsselloch eingearbeitet, welches der Querschnittsgeometrie des Schlüssels entspricht. Die Bleche mit ihren rechteckigen Grundformen besitzen im unteren Bereich eine dreiecksförmige, wappenartige Gestalt. Diese markante Form wurde an mehreren Türen[352] vorgefunden[353] und auch an

Möbeln[354] verwendet. Diese Beschläge lassen sich sowohl bei Möbeln des 12.[355] und 15.[356] Jahrhunderts, als auch bei den Bauelementen des 12.[357] und 15.[358] Jahrhunderts finden.

Zur Befestigung dieser Bleche verwendete man Nägel, die ähnlich, jedoch wesentlich kleiner ausgearbeitet sind, als die zur Befestigung der Schlösser.

Die Schlüssellochabdeckung

Die Schlüsselschilder boten offenbar keinen ausreichenden Schutz vor Einbruch, woraufhin man versuchte das Schlüsselloch mit einem zusätzlichen Eisenbauteil abzudecken. Für diese Abdeckungen wurden an verschiedenen Kirchen sehr ähnliche Lösungen gefunden und eingesetzt. Ein Überwurf ist mit zwei ösenartigen Halteeisen über das Schlüsselloch gelegt, wobei er an einer Seite mit einer Öse versehen und fest drehbar mit dem Abdeckblech verbunden ist. Dieses Blech wird über die zweite Öse gelegt und mit einem Vorhangschloss gesichert, um die Schlösser ohne Zuhaltung vor einer Manipulation zu schützen. Diese Art der Sicherung ist im Untersuchungsgebiet von der Lausitz bis in die Altmark anzutreffen (Abb. 66, 67)[359].

Mehrfach konnte im Untersuchungsgebiet festgestellt werden, dass diese Schlüssellochabdeckungen zweckentfremdet als zusätzliche Verschlusselemente genutzt wurden[360].

Im Laufe der Zeit konnte offensichtlich eine weitere Schwachstelle im Schlossbereich ausgemacht werden, worauf man mit Anbauteilen reagierte.

Der Angriffsschutz des Riegels

Durch Anbringen eines zusätzlichen Eisenteiles wurde der Schutz vor mechanischen Angriffen verbessert. Man montierte auf der Fläche des Türblattes ein eisernes 90° abstehendes, meist schlicht gestaltetes Stegblech von etwa 5 Millimeter Stärke, 30 Millimeter Höhe und 120 Millimeter Länge (Abb. 69). Beim Erreichen der Verschlusslage des Türblattes griff dieses Blech in eine, im Mauerwerk ausgearbeitete Tasche ein (Abb. 70). Hinter dieser formschlüssigen Einbruchsicherung liegt der Riegel des Schlosses. Durch dieses Bauteil wird ein Angriff auf den Schlossriegel erheblich erschwert[361]. Dieses erstaunlich innovative Bauteil findet sich an mehreren Kirchen in der Nieder-

Abb. 66: Sonnenartig gestaltetes Schlüsselschild mit Abdecküberwurf (Kat. 38)

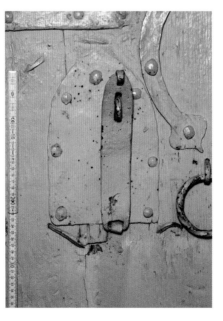

Abb. 67: Wappenartiges Schlüsselschild mit Abdecküberwurf (Kat. 12)

Abb. 68: Zweckentfremdeter Abdecküberwurf als Zuhaltung (Kat. 25)

Abb. 69: Stegblech zum Schutz des Schlossriegels (Kat. 45)

Abb. 70: Einlauf für das Stegblech im Mauerwerk und Riegelöse (Kat. 45)

lausitz[362] aber auch in der Dorfkirche Berlin-Hohenschönhausen[363].

Im Mauerwerk wurden Einlaufhülsen aus Metall[364] montiert, um die Riegel in Verschlussstellung aufnehmen zu können und einen erhöhten Schutz gegen mechanische Angriffe zu gewährleisten.

Der Ziehring

Als weiteres Bauteil konnte, vermutlich aus rein praktischen oder ästhetischen Ansprüchen heraus, an beinahe alle Türen der Einsatz von Ziehringen unterschiedlicher Bauart nachgewiesen werden.

Sie sind regulär auf einer eisernen, verschiedenartig durchlochten Grundplatte, in einer flach ausgeschmiedeten Öse gehalten und mit kreisrundem Griffring am Türblatt montiert. Bei schlichten Varianten ist dieser Ziehring als Rundstab und bei höherwertigen Arbeiten mit quadratischem Querschnitt gearbeitet. Bei aufwändigeren Arbeiten wurde der Griffring tordiert[367] und mit oder ohne Grundplatte in einer Öse montiert. Die Grundplatten zeigen unterschiedliche, geometrisch orientierte Formen.

Unter der Grundplatte der inneren Priesterpforte der Kirche Stöbritz[368], die ohnehin eine besondere Gestaltung zeigt,[369] ist ein rötlicher Stoff als Hinterlegung, jedoch nur bei dieser einen Grundplatte zu finden.

Abb. 71: Einfacher Ziehring auf gestalteter Grundplatte (Kat. 35)

Abb. 72: Einfacher Ziehring auf gelochter Grundplatte (Kat. 22)

Abb. 73: Einfacher Ziehring auf einfacher Grundplatte (Kat. 22)

Abb. 74: Gestalteter Ziehring auf gelochter Platte mit würfelartig, gestalteten Nagelköpfen (Kat. 25)

Abb. 75: Einfacher Ziehring auf gestalteter, mit rotem Stoff hinterlegter Platte (Kat. 38)

Abb. 76: Tordierter Griffring in schlichter Öse (Kat. 40)

Über die Funktionsbeschläge

Die Größen und Formen der Ziehringe, aber auch der Befestigungsnägel der Schlösser, die Schlüsselschilder in Form und Konstruktion, als auch die Schlüsselloch-abdeckung zeigen ähnliche Gestaltungs- und Herstellungsmerkmale. Die zum Teil erhaltenen Schlüssel zeigen gleichartige Merkmale in Ausformung und Konstruktion[370].

Das Wissen zur Herstellung solch komplexer Bauteile wird, gerade da der Verbreitungsraum recht groß zu sein scheint, weitergegeben worden sein. Sie *„sind zusammengesetzet genug, daß sie den Namen einer Maschine verdienen"*[371], die nicht jeder Schlosser ohne weiteres herzustellen vermochte.

Man verstand das Bauteil Schloss offenbar als mehrteiliges Sicherungssystem. Es ist vorstellbar, dass die genannten Einzelkomponenten einem Schloss zugehörig hergestellt und vertrieben wurden. Bei näherer Betrachtung scheint das Schloss in seiner Gesamtheit weniger eine Einzelanfertigung, als vielmehr ein mehrteiliges Standardprodukt gewesen zu sein. Im Rahmen dieser Betrachtung könnte man darauf schließen, dass diese Produkte von Spezialisten zentral hergestellt und von dort aus vertrieben wurden.

Belege für frühen Handel von Produkten, die über Subsistenzwirtschaft hinausgehen, sind für den Raum der Stadt Brandenburg nachweisbar[372] und können somit auch für den Untersuchungsraum um die Klosterstätte Dobrilugk angenommen werden. Da die mittelalterliche Ostsiedlung im 12. Jahrhundert in dünn besiedelte und wirtschaftlich schlecht ausgebaute Gebiete erfolgte, ist es denkbar, dass das wertvolle Material Eisen eingespart werden musste und somit in diesen Randgebieten eine Verwendung der Holzkästen als Schlossvariante gängige Praxis war.

Goerig beschreibt, dass aus demselben Grund Holzkastenschlösser im 15. und 16. Jahrhundert, also hauptsächlich von dem Dreißigjährigen Krieg, Verwendung fanden[373]. Territorial ordnen er und Weißenberger diese Art Schlösser in den süddeutschen, österreichischen und norwegischen Raum ein[374]. Die Untersuchungen haben gezeigt, dass die in der Literatur[375] dargestellte territoriale Eingrenzung aufgrund der gewonnenen Erkenntnisse wesentlich weiträumiger betrachtet werden muss. Der Untersuchungsgegenstand *Balkenschloss* scheint bisher lediglich territorial eingegrenzt und somit unterrepräsentiert untersucht worden zu sein.

Es bleibt, wenn man die heute erhaltenen Schlösser herausgelöst betrachtet, die Vermutung, dass sie, speziell in dem von der Ostsiedlung von der zweiten Hälfte des 12. bis zum Ende des 13. Jahrhunderts beeinflussten Gebieten zwischen Elbe und Oder[376], keine Seltenheit darstellen. Offenbar setzte man diese Schlösser flächendeckend, möglicherweise als schnelle, kostengünstige und eher provisorische Sicherungsvariante in einem

territorial und politisch instabilen Raum ein. Aufgrund ihrer einfachen, jedoch haltbaren Konstruktion haben sie mittlerweile mehrere Jahrhunderte erstaunlich gut überdauert.

Vor diesem Hintergrund kann man, auch aufgrund der technischen Spezifika, durchaus in Erwägung ziehen, dass die beschriebenen Übereinstimmungen der einzelnen Bauteile über einen gleichgearteten Zeitgeschmack hinausgehen. Die erhaltenen Schlösser deuten durch ihre vergleichbare Bauweise darauf hin, dass Konstruktionsmuster zur Herstellungsweise vorhanden waren und weitergegeben wurden. Es erscheint außergewöhnlich, dass sich derartig viele Details in der Gestaltung und Konstruktion über einen, für die damalige Zeit, großen geographischen Raum, parallel zueinander entwickelt haben. Es ist vorstellbar, dass diese Spezifika über eine Art Wissenstransfer bis in die weit entfernten Regionen getragen worden sind. Möglicherweise nahm die Kirche die Funktion als Wissensträger und Auftraggeber wahr.

Die Flächenbeschläge

Flächenbeschläge unterscheiden sich von den technisch notwendigen Bändern durch ihre Funktion und Form. Sie hatten anfänglich eine stabilisierende Funktion und unterstützten die Türkonstruktion, indem sie die einzelnen Bretter zusammenhielten (siehe Kirche in Stöbritz, Kat. 39).

Mit zunehmender Entwicklung in der Holzbearbeitung und dem Einsatz tragfähiger Holzverbindungen traten die technisch angelehnten Aufgaben der Flächenbeschläge in den Hintergrund (s. Kirche in Lugau, Kat. 29). Sie lösten sich von dieser Funktion und übernahmen gestalterische sowie erzählerische Aufgaben (Kat. 13, 30, 31). Dabei nimmt die Formgebung der Flächenbeschläge eine erstaunlich große Vielfalt ein. Sie geben geometrische[377], florale[378], animalische[379] oder symbolhafte[380] Darstellungen wieder. Sie sind jeweils für das zu gestaltende Türblatt mit klaren Vorstellungen hergestellt, inszeniert und platziert worden, worauf der Focus im nachfolgenden Kapitel gelegt werden soll.

Im gesamten Untersuchungsgebiet sind als weiteres, unterstreichendes Gestaltungsmittel sämtliche Lang- und Gurtbänder aber auch die Flächenbeschläge gestaltet vorgefunden worden. Die Schienen wurden im Querschnitt profiliert, hohl[381] oder eselrückenartig[382] ausgeschmiedet. An den Endungen und auf der Fläche wurden die Bänder in gleicher Art gestaltet, wie die bereits beschriebenen Flächenbeschläge. Es sind unterschiedliche Ziselierungen[383] als Kreuzschlag[384], Fischgrat[385], schräger Schlag[386] oder als dreieckige Form[387] mit[388] und ohne[389] umlaufenden Fries schmiedetechnisch auch auf die Langbänder gebracht worden. Die Endungen waren bei fast allen Exemplaren gestaltet. Durch Aufspalten[390] und flächiges Rollen arbeitete man sie zu Ochsenhörnern[391], in C-förmige Ornamente[392] oder sich nach vorn öffnende Endungen[393] mit[394] oder ohne[395] Schlangenköpfe aus. Graf beschreibt diese Art der Ausführung als eine in der Romanik viel verwendete Gestaltungsvariante und benennt in diesem Zusammenhang mehrere Türblätter im nordsächsischen Raum um 1200[396].

Als ältestes Gestaltungsmerkmal an Türbeschlägen tritt im 12. Jahrhundert die C-Form auf und wurde vielfältig angewendet[397]. Im deutschsprachigen Raum finden sich derartige Formen in unterschiedlichen Qualitäten[398]. Besonders klar treten sie als ovale Ornamente an der Kirchentür Treuenbrietzen[399] und der Tür in Wiesenburg[400] hervor. Ähnliche Gestaltungsmerkmale finden sich an mehreren Türen[401] und sind dort bewusst, jedoch als Einzelelement platziert worden, um möglicherweise gestalterische Schwerpunkte zu kennzeichnen. Die Anordnung der Flächenbeschläge auf den Türblättern erscheint auf den ersten Blick aus rein ästhetischen Empfindungen und mancherorts willkürlich gewählt[402]. Bei näherem Betrachten erkennt man auf beinahe allen Türen eine Kernzone[403], zumindest aber eine Gestaltung mit erzählerischen Elementen[404], die in den meisten Fällen vertikal angelegt ist[405]. Diese Beschläge scheinen bewusst angeordnet worden zu sein und haben über eine offenbar überregional und allgemein bekannte Bildsprache mit dem Betrachter kommuniziert[406].

Interpretation eines Beschlages

Im Folgenden soll eine Interpretation der Darstellung und Komposition der Beschläge auf einem Türblatt dargelegt werden, die auf den Überlegungen von Gerhard Graf fußen. Er stellt bei seinen Beobachtungen fest, dass in dörflichen Kirchen zwei, voneinander abweichende Gestaltungsausführungen bei den Beschlägen zu be-

obachten sind. Zum einen erörtert er, dass die Türblätter überwiegend ornamental gestaltet waren, wenn ein Tympanon erzählerische Funktionen übernahm[407]. Andererseits, wie im vorliegenden Fall, *„verstärkt Symbole […], mehrfach Bilder […] oder eindeutige Bildprogramme Verwendung"*[408] fanden, wenn die Rahmung der Portale schlicht gestaltet war. Diese Elemente treten am nachfolgend vorgestellten Beispiel nicht als figurale, sondern als ornamental, symbolhafte Gestaltung in Erscheinung, weshalb sie sich dem heutigen Betrachter nicht ohne weiteres als Bildprogramm erschließen.

„Nicht auszuschließen ist [bei der vorgestellten Interpretation], *dass eine vergleichende Bedeutungsforschung zu diesen Fragen noch mehr Erklärungen bringen wird. Sie hat freilich auch das Problem, dass sie bereits bei den zeitgenössischen Betrachtern mit wechselnden Interpretationen rechnen muss"*[409]. Graf stellt mögliche Aussagen von Beschlägen auf mehreren Türblättern vor. Er bezieht sich dabei auf die Bedeutung der Symbole, auch aus dem *Physiologus*, und setzt sie in einen biblischen Kontext. Daraus leitet er eine mögliche Gesamtaussage der darstellenden Schmiedearbeit ab[410]. Diese Aussagen sollen an einem Türblatt der Kirche Friedersdorf-Rückersdorf[411] überprüft werden.

Das Türblatt wirkt durch seine unkonventionell und ungeordnet asymmetrisch erscheinende Gestaltung interessant. Man wird förmlich zum Eingang hingezogen und möchte die verunklärte Information auf dem Türblatt lesen. An diesem gestalteten Türblatt wurde mit den vorhandenen Möglichkeiten versucht, gestalterische Schwerpunkte zu setzen.

Die holztechnische Bearbeitung ist sauber ausgeführt, was neben der Wertigkeit der Arbeit auch die Wichtigkeit des Ortes und einer unterschwellig zu transportierenden Information dient. Um diese vielschichtigen Informationen, die auf dem beschriebenen Türblatt gedeutet wurden, in abstrakte Bilder zu transformieren und schlüssig anzuordnen, bedurfte es neben guter Kenntnis der Bibel und der menschlichen Gefühlslagen freilich auch einer eingehenden Planung. Mit großer Wahrscheinlichkeit wurden die Arbeiten überwacht, um die dahinter liegende Information und den Charakter des Inhaltes möglichst unverfälscht wiederzugeben. *„Schon der ausführende Schmied verstand vielleicht nicht mehr das ihm vorgegebene Kon*zept"[412].

Es bedurfte neben Kenntnissen über Material und Form auch abstrakter Denkweisen, sowohl vom Verfasser des Programms, als auch vom ausführenden Handwerker.

Aus diesem Türblatt (Abb. 77) sprechen also mehrere Aspekte: die aussagestarke, verästelte Narration, die beachtenswerte abstrakte Übersetzung, der komplexe Planungsaufwand, die handwerkliche Leistung und der Wille, Glaubensinhalte zu visualisieren.

Die ungewöhnlich anspruchsvolle Arbeit wird den mittelalterlichen Menschen beeindruckt haben, denn die Brettertüren in den Katen werden nicht mit einem derartig kunstvoll gearbeiteten, mit schmiedeeisernen Flächenbeschlägen belegtem Türblatt vergleichbar gewesen sein.

Das, aufgrund der unterschiedlichen Materialien, kontrastreich wirkende – zur Entstehungszeit möglicherweise bemalte[413] –, Türblatt vermittelt in einem gewissen Abstand Wehrhaftigkeit. Die Beschläge erwecken zumindest den Eindruck, willkürlich angeordnet und dem Aberglauben der Menschen entlehnt zu sein. Für den gläubigen Betrachter hingegen eröffnet sich ein Raum mit mehreren Ebenen.

Im Bereich unter dem unteren Türband (Abb. 78) ist möglicherweise symbolhaft die Unterwelt zu erkennen, dann darüber, bis zum massiven Querband, die irdische Sphäre (Abb. 79). Oberhalb dieses Gurtes befindet sich die göttliche, paradiesische Ebene (Abb. 80).

In der Abbildung 78 sind im unteren Teil der Tür Doppelspiralen dargestellt, die möglicherweise Seelen darstellen. Diese ruhelosen Seelen können der Hölle nicht mehr entkommen. Das Ornament ist ober- und unterhalb begrenzt, seitlich jedoch offen gestaltet, was dem Teufel einen ungehinderten Zugriff auf die Seelen gewähren kann. Die Doppelspiralen wirken zwischen der Türschwelle und dem darüberliegenden Band bedrängt[414]. Das in voller Breite des Türblattes angeordnete Türband, das mittig mit einem großen, blütenartig ausgeschmiedeten Nagelkopf befestigt ist, repräsentiert die Grenze zur weltlichen Ebene.

Das Ornament über diesem Band kann Seelen darstellen, die zusätzlich, jedoch nicht vollständig, durch eine vertikal angeordnete Schranke begrenzt, also von Gott behütet werden. Die aufstrebend gestalteten, schlan-

Abb. 77: Reich gestaltete Türblattfläche (Kat. 13)

Abb. 78: Flächen- und Funktionsbeschläge im unteren Bereich (Kat. 13)

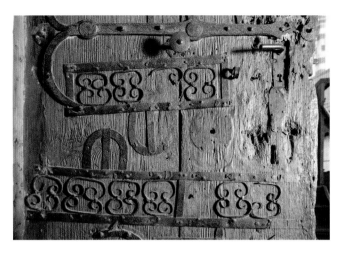

Abb. 79: Flächen- und Funktionsbeschläge im mittleren Bereich (Kat. 13)

Abb. 80: Flächen- und Funktionsbeschläge im oberen Bereich (Kat. 13)

genartigen Ornamente scheinen zu drohen. Das in die Schranke eingreifende, von unten heraufstrebende Element könnte darstellen, dass der Zugriff des Teufels durch diesen Schutz nicht uneingeschränkt möglich ist. Die Schranke ist verlängert bis an das darüberliegende Band, wodurch eine Verbindung dorthin besteht.

In dem langen Band der mittleren Szene (Abb. 79)[415] sind, durch ursprünglich acht Doppelspiralen, Seelen dargestellt, die im Leben nach Seelenheil streben. Dieses Ornament ist mittig durch ein aufrechtstehendes Bandeisen getrennt. Das linksseitig angeordnete, nach oben weisende, hufeisenförmige Ornament, deutet möglicherweise auf einen Weg hin, den die Gläubigen gehen sollen. Es fordert den Betrachter auf, einen gottgefälligen Pfad zu gehen, sich auf den rechten Weg zu begeben. Oberhalb dieser Szene befindet sich eine umgrenzt dargestellte und somit von Gott behütete Vierergruppe. Sie hat das Hufeisen unter sich, also den Weg bereits hinter sich. Diese Seelen stehen vor der Tür zum Paradies.

Im oberen Teil der Tür wird die Himmelspforte möglicherweise durch den massiven, eisernen Gurt mit glatt ausgeschmiedeten Nägeln repräsentiert (Abb. 80). Über dem Gurt zeigen sich mehrere Ornamente, die im weiteren Verlauf der Szene, in den Paradiesgarten mit insgesamt fünf Paradiesbäumen aufzugehen scheinen. Er befindet sich erreichbar in Augenhöhe. Inmitten dieser Szene erkennt man zwei unterschiedlich groß gearbeitete, direkt nebeneinander angeordnete, kreis-

förmige Ornamente. Hierbei kann es sich um die größer dargestellte Sonne und den kleineren Mond handeln. Die Nägel, mit denen die Sonne befestigt worden ist, sind halbrund gearbeitet. Sie strahlt den Mond an. Die Nägel des Mondes hingegen, sind flachköpfig gearbeitet. Er kann nicht allein strahlen. Sonne und Mond stehen direkt nebeneinander und sind durch kein Element in Tag und Nacht voneinander getrennt. Sie scheinen, aufgrund der Größe und der verwendeten Nägel nicht gleichberechtigt, wohl aber gleichzeitig und gemeinsam aufzutreten.

Rückblickend zu der Deutung des Bildprogrammes kann zum mittleren Bereich der Szene folgendes ergänzt werden: Ausgehend von der angeordneten Achtergruppe mit Trennband, spaltet sich die gottgefällige Vierergruppe ab und steht nach ihrem Weg vor der Tür zum Paradies. Die verbliebene Vierergruppe spaltet sich erneut in zwei Zweiergruppen. Eine Gruppe ist schon in der Hölle und ein Entkommen scheint nicht mehr möglich zu sein. Die verbliebene Gruppe steht kurz davor. Es besteht jedoch, durch die Verbindung zu dem Ornament der Achtergruppe, auch für diese Sünder noch die Möglichkeit auf den rechten Weg zu gelangen und ihr Seelenheil zu finden.

Der Gläubige muss nun symbolisch, durch eine bewusste körperliche Handlung, das Türblatt aufstoßen. Durch die Berührung der Stoßplatte des Türziehers, der die weltliche und göttliche Welt durch seine Grundplatte verbindet, wird er Seelenheil finden[416].

Die dargestellte Geschichte soll den Christen möglicherweise ermuntern, den rechten Weg weiter zu gehen und Sünder oder Heiden motivieren, sich dieser Gruppe anzuschließen. Die Darstellung kann zeigen, dass es dazu nicht zu spät ist. Dieser Mahnung folgend, soll der Gläubige mit einem Akt der psychischen und physischen Bejahung, durch Öffnen des Türblattes und dem Überschreiten der Schwelle des Gotteshauses, das Portal passieren. Somit begibt er sich auf den richtigen Weg, um im Paradies sein Seelenheil zu finden[417].

Auf dem Türblatt scheint, wenn man dieser These folgt, eine komplexe biblische Geschichte abgebildet worden zu sein. In der Bibel lässt sich ein direkter Zusammenhang der bisher geführten Diskussion finden. Erstaunliche Parallelen zur Darstellung auf der Tür lassen sich z. B. im Buch Jesaja im 60. Kapitel finden. Diese Erzählung entspricht der vorgestellten Deutung. In ihr berichtet Jesaja von der Bekehrung der Heiden, dem Aufbau des neuen Jerusalem und von der Herrlichkeit Gottes.

Dort ist zu lesen, dass die Heiden zum Licht Gottes ziehen[418], also eine Reise antreten respektive sich auf den richtigen Weg begeben werden. Weiter heißt es dort, dass die Gläubigen dann Gottes Wohlgefallen erwarten wird. Die Beschreibung des neuen Jerusalem (Offenbarung Johannes, Kap. 21/22), in dem die Gläubigen willkommen sind, findet man ebenfalls in diesem Text. Derer, die nicht den gottgefälligen Weg gegangen waren und sich nun doch der Gemeinschaft anschlossen, erbarmt sich Gott und verschließt nicht die Tore zum neuen Jerusalem. Somit können auch die Menschen Seelenfrieden finden, die erst spät diesen Weg einschlagen. Wer diesen Weg nicht geht, wird von Gott verstoßen. Im weiteren Text beschreibt Jesaja überschwänglich das neue Jerusalem. Den Gläubigen erwartet dort Seelenheil,

In Bezug auf die Sonne und den Mond, die auf dem Türblatt unmittelbar nebeneinander dargestellt sein können, findet sich folgender Text: *„Deine Sonne wird nicht mehr untergehen noch dein Mond den Schein verlieren; denn der Herr wird dein ewiges Licht sein, und die Tage deines Leides sollen ein Ende haben. "*[419]

Somit schließt die Erzählung in der Bibel mit der Szene im oberen Teil des Türblattes. Hier befindet sich das Zentrum des Handelns und der Informationsdichte, die durch die Anordnung der Nägel Unterstützung erfahren zu scheint.

Die Nägel

Nägel dienten der Befestigung der Beschläge am Türblatt. Neben dieser rein technischen Funktion fielen ihnen auch weitreichende gestalterische Aufgaben zu. Eine wesentliche Rolle spielte dabei offensichtlich die Form der Nagelköpfe[420], die die Aussage eines Portals zu unterstützen scheinen. Es wurden bewusst unterschiedliche Nagelkopfformen geplant, hergestellt und strategisch auf dem Türblatt platziert. Auf der vorgestellten Tür sind viele unterschiedliche Nagelkopfformen zu finden und sollen im Folgenden exemplarisch beschrieben werden.

Im kantennahen Bereich dient das Halteeisen[421], das auf der Abbildung 81 erkennbar ist, aufgrund der durchgeschlagenen, nagelschaftartigen, auf der Gegenseite gekröpften Bauform, der Unterstützung der Haltbarkeit dieser Bandkonstruktion.

Diese Art der Stabilisierung wurde offenbar schon früh und weit verbreitet verwendet[422]. Man findet sie an einem Schrank im Halberstädter Dom aus der 2. Hälfte des 13. Jahrhunderts[423] ebenso an Truhen aus dem 15. Jahrhundert[424]. Sie erfüllen technische Funktionen. Anders verhält es sich mit einer Reihe von Nägeln, die sowohl technische, als auch gestalterische Aufgaben übernehmen. So nehmen sich die bewusst gestaltet hergestellten Nägel auf der Abbildung 82 vollständig zurück. Sie lassen die eisernen Bänder möglichst ungestört wirken, um gleichzeitig auf die Doppelspirale aufmerksam zu machen. Fast halbrundförmige Nägel wurden zur Befestigung der Bänder und einiger Ornamente verwendet und sind deutlich auf der Abbildung 83 sichtbar. Sie unterstützen die Plastizität der Ornamente, betonen deren Endungen und geben der Gestaltung Tiefe. Es lassen sich große ausgeschmiedete, flachköpfige Nägel finden, die an geplanten Stellen am Band platziert sind und in dieser Form der reinen Zierde dienen. Sie wirken auf dem Motiv der Himmelspforte angemessen stark und wehrhaft (Abb. 84). Zwei annähernd gleichgroße Nagelköpfe sind blütenförmig gearbeitet[425] und bewusst mittig auf die Bänder gesetzt worden (Abb. 85). Einer befindet sich auf dem Motiv der Schranke zur Unterwelt. Ein zweiter im oberen Teil des Paradiesgartens. Weitere, zwei große Ziernägel mit Grundplatte ohne erkennbare Funktion[426] finden sich neben dem oberen Gurtband und sind dem An-

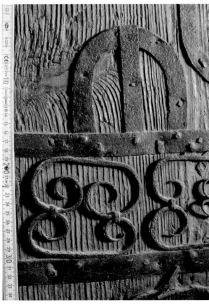

Abb. 81: Halteeisen am oberen Band (Kat. 13)

Abb. 82: Schlichte, fast flächenbündige Nagelköpfe (Kat. 13)

Abb. 83: Halbrunde, auffallende Nagelköpfe (Kat. 13)

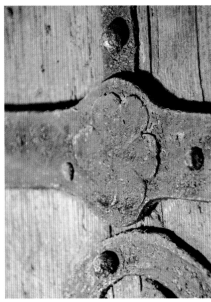

Abb. 84: Großer, flach gearbeiteter Nagelkopf (Kat. 13)

Abb. 85: Großer, blütenartig gestalteter Nagelkopf (Kat. 13)

Abb. 86: Kugelförmiger Nagelkopf auf großer, bombierter Platte als Ziernagel (Kat. 13)

schein nach der Form der Stoßplatte nachempfunden (Abb. 86). Die Formen transportieren bewusst inszenierte Informationen, um die Gestaltung auf dem Türblatt zu unterstützen.

Ausblick

Es ist wünschenswert, das Themengebiet der mittelalterlichen Bohlentüren weiterhin einer wissenschaftlichen Bearbeitung zu unterziehen. Bei den in diesem Band vorgestellten Untersuchungen konnte eine Reihe interessanter Themen angesprochen werden, die einer näheren Beschäftigung würdig sind. Die wenigen wissenschaftlichen Abhandlungen, die bisher dazu erschienen sind, sprechen dafür. Es lassen sich Themengebiete herausfiltern, die interdisziplinär bearbeitet werden sollten, da sie einer sehr spezifischen Natur entspringen und Fachleute unterschiedlicher Arbeitsgebiete ansprechen.

Genannt sei hier beispielhaft die Bedeutungsforschung der Beschlagaussage. Dabei wäre eine systematische, theologische, semantische und handwerklich-technologische Betrachtung ebenso von Vorteil, wie ein Informationsaustausch verschiedener Akteure aus dem restauratorisch-bauforscherischen Bereich.

Ein weiterer, auf den ersten Blick unwesentlich erscheinender Forschungsschwerpunkt sollte auf einer möglichst systematischen Bearbeitung im Themenbereich der Nägel liegen. Bei einer eingehenden Erforschung könnten viele Fragen beantwortet und Rückschlüsse in Querschnittsthemen gezogen werden. Dem Autor stellten sich mehrere Fragen rund um dieses Detail. In welchem Zeitraum waren welche Nagelformen oder Nagelschäfte möglicherweise typisch? Welche Nagelkopfformen wurden für welche Arbeit verwendet? Man denke hierbei an die Befestigungsnägel der Balkenschlösser.

Die Herstellung von Balkenschlössern scheint bisher ebenfalls keiner umfassenden wissenschaftlichen Bearbeitung unterzogen worden zu sein. Folglich wäre es auch hier angezeigt, weiterführende Untersuchungen interdisziplinär vorzunehmen und dabei einen größeren geographischen Raum zu betrachten. Dabei sollte untersucht werden, ob regionale Häufungen eruiert werden können, unterschiedliche Formen der Balkenschlösser in bestimmten Regionen eingesetzt wurden und ob möglicherweise Handels- und Transportwege darauf Einfluss hatten.

Anmerkungen

[1] (Graf, Mittelalterliche Türbeschläge im Delitzscher Raum, 2004), S. 29.

[2] (Graf, Vom Detail zum Ganzen: Zur Ausstattung romanischer Dorfkirchen in Nordwestsachsen, 2008), S. 461.

[3] (Filipovits-Flasch, 2008), S. 10.

[4] (Filipovits-Flasch, 2008), S. 288.

[5] (Filipovits-Flasch, 2008), S. 10.

[6] (Filipovits-Flasch, 2008), S. 10.

[7] (Graf, Vom Detail zum Ganzen: Zur Ausstattung romanischer Dorfkirchen in Nordwestsachsen, 2008), S. 450.

[8] (Filipovits-Flasch, 2008), S. 220.

[9] (Filipovits-Flasch, 2008), S. 221.

[10] (Graf, Mittelalterliche Beschläge an Türen nordwestsächsischer Dorfkirchen, 2016), S. 25.

[11] Siehe Seite 44.

[12] Beispielsweise ist die Nordwand der Kirche Breitenau (Kat. 5) komplett verschlossen.

[13] Die Fenster wurden vermutlich 1722 vergrößert bzw. durchgebrochen. Vgl. hierzu: (Dehio, Georg, 2000), S. 332; (Agthe, 2017), S. 236.

[14] Das Portal präsentiert sich heute innerhalb des vorgebauten Häuschens vollflächig überputzt.

[15] (Graf, Mittelalterliche Beschläge an Türen nordwestsächsischer Dorfkirchen, 2016), S. 25.

[16] Vgl. (Graf, Mittelalterliche Beschläge an Türen nordwestsächsischer Dorfkirchen, 2016), S. 24.

[17] Vgl. Katalog.

[18] (Graf, Mittelalterliche Beschläge an Türen nordwestsächsischer Dorfkirchen, 2016), S. 24.

[19] Schlangen, Schlangenköpfe, Hähne, Esel, Vögel, Panther, Hirsche, Störche.

[20] Physiologus: *„In dem Werk, das wir gewöhnlich als* Physiologus *bezeichnen, wird dieses Naturbuch nur zitiert. Zu den zitierten naturkundlichen Berichten […] gibt dann ein christlicher Autor allegorische Auslegungen auf Christus, den Gläubigen, den Teufel etc. Der* Physiologus *stellt also die christliche Bearbeitung eines rein naturkundlich orientierten Werkes eines Naturkundigen dar."* aus: Henkel, Nikolaus: *Studien zum Physiologus im Mittelalter,1976, Tübingen; Max Niemeyer Verlag, Tübingen, S. 12.*

[21] (Graf, Mittelalterliche Beschläge an Türen nordwestsächsischer Dorfkirchen, 2016), S. 24.

[22] (Graf, Mittelalterliche Beschläge an Türen nordwestsächsischer Dorfkirchen, 2016), S. 26.

[23] (Graf, Mittelalterliche Türbeschläge im Delitzscher Raum, 2004), S. 33.

[24] Vgl. (Graf, Mittelalterliche Türbeschläge im Delitzscher Raum, 2004), S. 33.

[25] Vgl. (Graf, Mittelalterliche Beschläge an Türen nordwestsächsischer Dorfkirchen, 2016), S. 24; vgl. auch Katalog.

[26] Vgl. (Bauer, 2012), S. 175; vgl. auch (Schmitz, 1905), S. 23, Blatt 15.

[27] Vgl. (Schmitz, 1905), S. 21; vgl. auch (Schulmeyer, 1995), S. 30, 115.

[28] Vgl. Kat. 38, Grundplatte des Türziehers der inneren Priesterpforte.

[29] Zur Vereinfachung und für eine rasche Überschaubarkeit des Betrachtungsgegenstandes wurde im Fließtext und in den Bildunterschriften mit Katalognummern der betreffenden Kirchentüren gearbeitet.

[30] Vgl. (Filipovits-Flasch, 2008).

[31] (Filipovits-Flasch, 2008), S. 346.

[32] Vgl. (Bücheler, 1938), (Glinski & Hansen, 1996), (Spannagel, Die Bauschreinerei, 1950), (Spannagel, Der Möbelbau, 1939), (Zietz, 1963), (Greber, 1956).

[33] Der Begriff Brett respektive Bohle ist für Laub- und Nadelhölzer normativ festgelegt. Man spricht nach DIN 4071 von Nadelholzbrettern, wenn die Stärke zwischen 16 mm und 38 mm liegt. Bei dickeren Abmessungen, bis 75 mm Stärke, spricht man von Bohlen. Die DIN 68372 sagt für Laubhölzer aus, dass man von Brettern spricht, wenn sie zwischen 18 mm und 35 mm stark sind. Bei größeren Stärken, bis 100 mm, spricht man von Bohlen. Bei beiden Holzarten muss die Brettbreite dabei jedoch mindestens der doppelten Stärke entsprechen. Vgl. hierzu: (Glinski & Hansen, 1996), S. 52.

[34] Vgl. (Finsterbusch, 1987); Anm.: Er bearbeitet in seinem Werk die Entwicklung der Werkzeuge zur Herstellung von Brettern, speziell im Sägeverfahren sehr anschaulich, vernachlässigt dabei jedoch die Herstellung von Spaltwaren.

[35] Vgl. (Danhelovsky, 1873); Anm.: Er beschreibt in seinem Buch die Zurichtung von Holz zu Spalt- und Sägewaren. Sein Hauptaugenmerk liegt auf der Herstellung von Fassdauben durch Spalten. Dabei geht er sehr detailliert auf die Ausnutzung des Stammes ein. Kosten, Mengen und die Produktionsweise selbst spricht er nur kurz an.

36 Vgl. (Stewart, 1995); Anm.: Sie beschäftigt sich als Archäologin mit der vollständigen Verwertung der kanadischen Rotzedernholzbäume (Thuja plicata) in Nordamerika durch die Ureinwohner. Bei ihren Forschungen erprobt und beschreibt sie verschiedene Holzspaltmethoden, die auch im europäischen Raum unter Vorbehalt denkbar sind.

37 Vgl. (Bauer, 2012).

38 In Abbildung 5 wurde mit Markierungen gearbeitet, um auf die zu beschreibende Situation hinzudeuten.

39 Vgl. (Schulmeyer, 1995); Anm.: In der Dissertation geht Schulmeyer anfangs auf verschiedene Techniken der Bearbeitung des Eisens durch den Schmied ein. Im Anschluss beschreibt sie mittelalterliche Beschläge auf erhaltenen Türen in südwestlichen Gebieten der Bundesrepublik Deutschland. Durch eine Beschreibung der Beschläge, historische Überlieferungen und Bemerkungen in der Literatur ordnet sie die Beschläge zeitlich ein. Bei all ihren Ausführungen geht sie sehr technisch und methodisch an ihren Forschungsgegenstand heran. Dabei beschreibt sie technisch besondere Beschlagformen und Elemente, ohne den Blick auf mögliche ikonographische Bedeutung zu lenken.

40 Vgl. (Schreber, 1769).

41 Vgl. (Albrecht, 1997), (Schmitz, 1905), (Schulmeyer, 1995), (von Falke, 1924).

42 Vgl. (Agthe, 2017); Anm.: Er legt unter Einbeziehung archäologischer Befundlagen baugeschichtliche Erkenntnisse themenübergreifend dar. Neben Besonderheiten, wie zweitverwendete Hölzer und dendrochronologisch ermittelte Daten erfasst er auch herausragende Inventarien, wie Einbaumtruhen oder besondere Türblätter.

43 Der Autor hat im Februar 2018 ein ermutigendes Telefonat mit Graf geführt, währenddessen er sich erfreut äußerte, dass das Thema weiterbearbeitet würde. Hierbei bemerkte Graf, dass er in der nachfolgend verwendeten Publikation aus 2016 seine bisherigen Erkenntnisse zusammengefasst hätte.

44 Vgl. (Graf, Mittelalterliche Türbeschläge im Delitzscher Raum, 2004); vgl. auch (Graf, Vom Detail zum Ganzen: Zur Ausstattung romanischer Dorfkirchen in Nordwestsachsen, 2008); vgl. auch (Graf, Mittelalterliche Beschläge an Türen nordwestsächsischer Dorfkirchen, 2016).

45 Der Datensatz enthält eine Kurzbeschreibung des Türblattes und dessen Maße. Hier sei kurz auf das Maß *Drehpunkt unten, Drehpunkt oben* hingewiesen. Mit diesem Abstandsmaß lassen sich Türblätter klar einer vorhandenen Situation zuordnen. Durch die stetige Drehbewegung der Bänder auf den Kloben, arbeiten sich die Materialien aneinander soweit ab, dass sie spielfrei aufeinanderliegen. Weiterhin sind Detailbeschreibungen von Holz, Beschlägen und Nägeln zu finden. Eine Datierung und Auflistung von Literatur rundet den Katalogteil jeder Tür ab.

46 Vgl. (Bergau, Inventar der Bau- und Kunstdenkmäler in der Provinz Brandenburg, Bd.1, 1885); vgl. auch (Bergau, Inventar der Bau- und Kunstdenkmäler in der Provinz Brandenburg, Bd. 2, 1885).

47 Kat. 10.

48 Durch Vergleiche von Archivaufnahmen der Beschlagdetails der Kirchentür Preußnitz (Kat. 30, 31) aus den 1940iger Jahren und heutigen Aufnahmen muss gefolgert werden, dass in den letzten siebzig Jahren ein erheblicher Substanzverlust zu verzeichnen ist.

49 Besonders deutlich tritt diese Erscheinung an der Kirchentür der Kirche Preußnitz (Kat. 30, 31) zu Tage. Hier wurde das Türblatt nach 1940 erneuert und die Beschläge von zwei Türen vermischt. Beim Wiederbefestigen der Beschläge hat man nicht darauf geachtet, wie sie vorher montiert waren. Der Aussagewert dieses Beschlages ist vollständig verloren gegangen und kann lediglich anhand von Bildmaterial aus Archiven nachvollzogen werden.

50 (Blumer & Gerner-Beuerle, 2018).

51 Vgl. (Dehio, Georg, 2000), S.73, 148, 332, 363.

52 Vgl. (Bergau, Inventar der Bau- und Kunstdenkmäler in der Provinz Brandenburg, Bd. 1, 1885); vgl. auch (Bergau, Inventar der Bau- und Kunstdenkmäler in der Provinz Brandenburg, Bd. 2, 1885).

53 (Graf, Mittelalterliche Beschläge an Türen nordwestsächsischer Dorfkirchen, 2016), S. 22.

54 Der Katalogteil erhebt nicht den Anspruch auf Richtigkeit und Vollständigkeit, wenngleich nach bestem Wissen und Gewissen die Erkenntnisse, auch anhand von Belegbeispielen, zusammengetragen wurden. Daraus abgeleitete Daten wurden in jedem einzelnen Fall mit dem Quellmaterial hinterlegt.

55 (Hamann, 1926), S.7.

56 Vgl. Kat. 25, 41; Treuenbrietzen und Krüden liegen etwa 150 km voneinander entfernt. Die Elbe liegt ebenfalls zwischen beiden Orten.

57 Vgl. (Schmitz, 1905), S.17.

58 Vgl. (Schmitz, 1905), S. 20 f, Blatt 15.

59 Vgl. (Schmitz, 1905), S. 21.

60 Vgl. (Graf, Mittelalterliche Beschläge an Türen nordwestsächsischer Dorfkirchen, 2016), S. 22 ff.

61 Vgl. (Graf, Mittelalterliche Beschläge an Türen nordwestsächsischer Dorfkirchen, 2016), S. 27 ff.

62 *„Als ein komplexer Vorgang von Mission, Herrschaftsbildung, Landesausbau und Städtegründung hat die Ostsiedlung die Landschaften zwischen Elbe und Oder tiefgreifend verändert. In die von Slaven besiedelten Landschaften Holsteins, Mecklenburgs und Pommerns, Brandenburgs und Sachsens wanderten im Laufe des 12. Jahrhunderts deutsche, flämische und niederländische Siedler ein.“*; aus: (Bünz, 2008), S. 19.

63 Vgl. (Agthe, 2017), S. 17 f.

64 Vgl. (Agthe, 2017), S. 18 f.

65 (Agthe, 2017), S. 19.

66 Vgl. (Agthe, 2017), S. 19, vgl. auch Inschrift Kat. 18.

67 Vgl. (Agthe, 2017), S. 20 ff.

68 Vgl. (Glinski & Hansen, 1996), S. 19.

69 Vgl. (Glinski & Hansen, 1996), S. 12 ff.

70 *„Markröhre: Größtenteils in der Mitte des Baumstammes bzw. Kernholzes angeordnete und von Jahrringen umgebene Röhre mit rundlichem oder eckigem (auch strahlenförmigem) Querschnitt. Die dünnwandigen Zellen des Marks sterben frühzeitig ab und enthalten dann nur noch Luft.“* aus: (VEB Druckhaus „Maxim Gorki“, 1988), S. 473.

71 Neben Kernholzbäumen (Kiefer, Eiche, Lärche, Kirschbaum) existieren weitere Baumarten, wie Reifholzbäume (Fichte, Tanne, Linde, Rotbuche, Birnbaum), Splintholzbäume (Birke, Ahorn, Erle, Weißbuche) oder Kernreifholzbäume (Rüster, diverse Eschenarten). Sie sind dadurch gekennzeichnet, dass das Kernholz optisch nicht klar vom Splintholz abzugrenzen ist.; vgl. (Glinski & Hansen, 1996), S. 17.

72 (Glinski & Hansen, 1996), S. 17.

73 Lignin *„dient als Versteifungselement in und zwischen den pflanzlichen Zellwänden (vergleichbar mit dem Beton in Stahlbeton).“*; aus: (VEB Druckhaus „Maxim Gorki“, 1988), S. 460.

74 Vgl. (Glinski & Hansen, 1996), S. 13.

75 *„Hygroskopisches Gleichgewicht: Die Erscheinung, dass sich zwischen einem hygroskopischen Stoff (z. B. Holz) und der umgebenden Luft ein Feuchtegleichgewicht einstellt.“*; aus: (VEB Druckhaus „Maxim Gorki“, 1988), S. 382.

76 (Spannagel, Die Bauschreinerei, 1950), S. 26.

77 Vgl. (Glinski & Hansen, 1996), S. 20.

78 Der Fasersättigungspunkt gibt den Zustand an, *„bei dem im Holz so viel Wasser vorhanden ist, daß die Zellwände vollständig mit Wasser gesättigt sind und in keinem Teil der lichtmikroskopisch sichtbaren Kapillarstruktur freies Wasser enthalten ist.“*; aus: (VEB Druckhaus „Maxim Gorki“, 1988), S. 213.

79 Vgl. (Glinski & Hansen, 1996), S. 25.

80 Vgl. (Spannagel, Die Bauschreinerei, 1950), S. 27.

81 Vgl. (Spannagel, Der Möbelbau, 1939), S. 14.

82 Die Darrtrockenheit ist der *„Zustand des Holzes, aus dem die Feuchte durch Darren* [künstliches Trocknen (d. Autor)] *entfernt wurde. Darrtrockenes Holz enthält noch 0,5 … 1,0 % Holzfeuchte, die nicht mehr entfernt werden kann, ohne das Holz zu zerstören.“* aus: (VEB Druckhaus „Maxim Gorki“, 1988), S. 138.

83 Vgl. (Glinski & Hansen, 1996), S. 20.

84 Die kernzugewandte Brettfläche bezeichnet der Tischler als rechte Seite. (vgl. hierzu: Abb. 4).

85 Die kernabgewandte Brettfläche bezeichnet der Tischler als linke Seite. (vgl. hierzu: Abb. 4).

86 Vgl. (Glinski & Hansen, 1996), S. 22.

87 Vgl. (Glinski & Hansen, 1996), S. 22.

88 Vgl. (Glinski & Hansen, 1996), S. 26.

89 Vgl. (Gilly, 1798); S. 259; vgl. auch (Spannagel, Der Möbelbau, 1939), S. 14.

90 Vgl. (Gilly, 1798), S. 258ff.; vgl. auch (Glinski & Hansen, 1996), S. 14, 90, 107.

91 (Niemz & Sonderegger, 2017), S. 28.

92 Vgl. (Niemz & Sonderegger, 2017), S. 29.

93 Vgl. (Niemz & Sonderegger, 2017), S. 29ff.

94 (Gilly, 1798), S. 258.

95 Vgl. (Gilly, 1798). S. 259f.; vgl. auch (Spannagel, Die Bauschreinerei, 1950), S. 134, 140.

96 Vgl. (Gilly, 1798), S. 260; vgl. auch (Zietz, 1963), S. 260 f.

97 Vgl. (Gilly, 1798), S. 259; vgl. auch (Glinski & Hansen, 1996), S. 50 ff.

98 Vgl. (Bücheler, 1938), S. 257.

99 Vgl. Abb. 5; vgl. auch Türen in: Kat. 38, 39.

100 Vgl. (Jester, 1816), S. 260.

101 In das Türblatt des Priesterportales der Kirche Stöbritz (Kat. 38) sind große Teile der Beschläge in hoher Qualität flächenbündig eingelassen worden.

102 Vgl. (Finsterbusch, 1987), S. 104 ff.

[103] Vgl. (Reber, 1831), vgl. auch (Gayer, 1863), vgl. auch (Jester, 1816).

[104] Vgl. (Danhelovsky, 1873).

[105] Vgl. (Finsterbusch, 1987), S. 82.

[106] Vgl. (Stewart, 1995).

[107] Vgl. (Bastholm, 1820).

[108] Vgl. (Finsterbusch, 1987), S. 83.

[109] Vgl. (von Burgsdorf, 1800), S. 519.

[110] Vgl. (Gayer, 1863), S. 57.

[111] Vgl. (Reber, 1831), S. 255.

[112] Vgl. (Danhelovsky, 1873), S. 38 ff.

[113] Vgl. (Jester, 1816), S. 215 ff.

[114] Vgl. (von Burgsdorf, 1800), S. 519 f.; (Gayer, 1863), S. 241 ff.; (Reber, 1831), S. 232.

[115] Vgl. (Reber, 1831), S. 256 ff.

[116] (Finsterbusch, 1987), S. 71; Anm. hierzu.: Diese Aussage bezieht sich auf den Zeitraum um 500. Es ist jedoch vorstellbar, dass diese Art der Herstellung auch in mittelalterlicher Zeit durchaus üblich war. Ein Beleg zu der Annahme ist das Türblatt der Kirche Vielbaum (Kat. 42), das aus einer einzigen Bohle in einer Breite von beinahe einem Meter hergestellt worden ist.

[117] Vgl. (Schwappach, 1886), S. 463.

[118] Vgl. (Reber, 1831), S. 256 ff.

[119] (Gayer, 1863), S. 57.

[120] (von Burgsdorf, 1800), S. 518; vgl. auch: (Jester, 1816), S. 258.

[121] Vgl. (von Burgsdorf, 1800), S. 519 f.

[122] Vgl. (Gayer, 1863), S. 121; (Reber, 1831), S. 255; (Jester, 1816), S. 261.

[123] (Gayer, 1863), S. 121.

[124] (Finsterbusch, 1987), S. 82.

[125] Vgl. (Finsterbusch, 1987), S. 82.

[126] (Finsterbusch, 1987), S. 82.

[127] (Jester, 1816), S. 277.

[128] Fassdauben sind *„lange, schmale Vollholzteile, die auf der ganzen Länge gleich dick sind oder in der Mitte geringere Stärke als an den Enden haben, können gebogen oder gerade sein und bilden aneinandergereiht den Rumpf von offenen und geschlossenen Gefäßen (Fässer, Kübel, Holzbottiche) mit kreisförmigem oder ovalem Querschnitt. D. [Dauben] werden durch Reifen aus Bandstahl zusammengehalten.“*, aus: (VEB Druckhaus „Maxim Gorki“, 1988), S. 139.

[129] (Schwappach, 1886), S. 162 f.

[130] Vgl. (Albrecht, 1997), S. 119 f.; (Stewart, 1995), S. 40 ff.

[131] Vgl. (Bastholm, 1820), S. 26 ff.; (Gayer, 1863), S. 258 f.; (Stewart, 1995), S. 40 ff.

[132] (Gayer, 1863), S. 55 f.

[133] Vgl. (Böhm, 1911), S. 7.

[134] Vgl. (Danhelovsky, 1873), S. 53.

[135] (Böhm, 1911), S. 7.

[136] (Danhelovsky, 1873), S. 53.

[137] Vgl. (Stewart, 1995), S. 44.

[138] Vgl. (Stewart, 1995), S. 31 ff.

[139] Vgl. (Stewart, 1995), S. 41, dort: Abb. 3.

[140] Vgl. (Stewart, 1995), S. 44.

[141] Vgl. (Jester, 1816), S. 281, dort: Tafel 2/Fig. 16, 17.

[142] Vgl. (Elkar, Keller, & Schneider, 2014), S. 79.

[143] (Finsterbusch, 1987), S. 82.

[144] Vgl. (Finsterbusch, 1987), S. 101.

[145] Vgl. (Hansjohsten, 2002), S. 35 f.; (Finsterbusch, 1987), S. 70.

[146] Vgl. (Finsterbusch, 1987), S. 88.

[147] Diese Stiche wurden in manchen Fällen möglicherweise nicht vollkommen weggearbeitet. Der Rest eines solchen Befundes, könnte sich auf der Tür in Falkenhain auf der Fläche außen erhalten haben. Vgl. Abb. 45 (oberhalb des Langbandes), Kat. 10.

[148] Schruppen: *„Erste Stufe beim spanenden Bearbeiten eines Werkstückes. Der Zweck ist die Bearbeitung in kürzester Zeit durchzuführen. Beim S. wird kein Wert auf die neu entstandene Werkstückoberfläche gelegt“*, aus: (VEB Druckhaus „Maxim Gorki“, 1988), S. 661.

[149] Dem Schruppen *„folgt ein Schlichten, wodurch die gewünschte Werkstückoberfläche hergestellt wird.“*, aus: (VEB Druckhaus „Maxim Gorki“, 1988), S. 661.

[150] Vgl. (Finsterbusch, 1987), S. 93.

[151] (Jester, 1816), S. 264.

[152] Vgl. (Finsterbusch, 1987), S. 89.

[153] Vgl. (Jester, 1816), S. 283.

[154] Vgl. (Jester, 1816), S. 282.

[155] Vgl. (Jester, 1816), S. 282 f.

[156] Vgl. (Jester, 1816), S. 282.

[157] Vgl. (Finsterbusch, 1987), S. 92.

[158] Vgl. (VEB Druckhaus „Maxim Gorki“, 1988), S. 576.

[159] Sägefurniere sind ab 1 mm dünn gesägte Hölzer, die ähnlich der Brettherstellung zugerichtet werden. Diese Furniere sind kostenintensiv, haben jedoch den Vorteil, dass sie auf Grund der Bearbeitungsweise ihre Farbigkeit beibehalten. vgl. (Glinski & Hansen, 1996), S. 59; vgl. auch bei: *„Sägefurnier:“* (VEB Druckhaus „Maxim Gorki“, 1988), S. 615.

¹⁶⁰ Vgl. (Hartmann, 1839), S. 875; (VEB Druckhaus „Maxim Gorki", 1988), S. 576.

¹⁶¹ Vgl. (Finsterbusch, 1987), S. 89.

¹⁶² (Finsterbusch, 1987), S. 89.

¹⁶³ Vgl. (Finsterbusch, 1987), S. 92.

¹⁶⁴ Vgl. (Gaebeler, 2006), S. 2 f.

¹⁶⁵ Vgl. (Jester, 1816), S. 286.

¹⁶⁶ Anm.:1322 ist für die Stadt Augsburg der Standort einer Sägemühle vermerkt. Weitere Hinweise existieren ab 1387 für Breslau und 1490 für Erfurt. Für Berlin wurde im Jahr 1434 vermerkt, dass eine Sägemühle betrieben wurde. Ab etwa 1500 ist eine Reihe von Sägemühlen in und um das damalige Berlin herum betrieben worden. vgl. hierzu: (Finsterbusch, 1987), S. 105; (Herzberg & Rieseberg, 1986), S. 237 f.

¹⁶⁷ Vgl. (Böhm, 1911), S. 17; (Bastholm, 1820), S. 27.

¹⁶⁸ (Hellwag, 1924). S. 436.

¹⁶⁹ Vgl. (Bibliographisches Institut, 1908), S. 834.

¹⁷⁰ Vgl. (Finsterbusch, 1987), dort: Abb.14/14.

¹⁷¹ Vgl. Kat. 2.

¹⁷² Vgl. Kat. 5.

¹⁷³ Scharte: Ungewollte Vertiefungen im Hobeleisen, die sich von Hobelstrich zu Hobelstrich mit riefenartiger Struktur auf der Holzoberfläche zeigen. vgl. hierzu: (Glinski & Hansen, 1996), S. 70.

¹⁷⁴ Vgl. (Greber, 1956), S. 260, dort: Abb.130.

¹⁷⁵ Vgl. (Greber, 1956), S. 259 f.

¹⁷⁶ (Stülpnagel, 2000), S. 17.

¹⁷⁷ Vgl. (Greber, 1956), S. 79 ff.

¹⁷⁸ Vgl. (Greber, 1956), S. 109.

¹⁷⁹ (Greber, 1956), S. 118.

¹⁸⁰ Vgl. (o.V., 1939), S. 5, dort: Abb. 1.

¹⁸¹ (Greber, 1956), S. 123.

¹⁸² (Greber, 1956), S. 123.

¹⁸³ Vgl. (o.V., 1939), S. 1.

¹⁸⁴ Ein Hobeleisen ist eine spanabtragende Metallzunge im Hobelkasten.

¹⁸⁵ Vgl. (Stadt Nürnberg – Stadtbibliothek im Bildungscampus Nürnberg, 2018).

¹⁸⁶ Vgl. (Greber, 1956), S. 172 ff.

¹⁸⁷ Bemerkenswert ist in diesem Zusammenhang, dass sich die Begrifflichkeiten *Schruppen* und *Schlichten* bis heute im Tischlerhandwerk gehalten haben. Bei der Einstufung der Oberflächengüte einer CNC-Bearbeitung und bei der Benennung des eigentlichen Arbeitsganges haben sich die Begrifflichkeiten unverändert gehalten. Man ist in den letzten Jahren dazu übergegangen eine Zwischenqualität mit einer CNC-Fräse herzustellen, die mit einem Schrupp-Schlicht-Werkzeug erzeugt wird.

¹⁸⁸ Vgl. Kat. 40.

¹⁸⁹ Vgl. (Glinski & Hansen, 1996), S. 67 f.

¹⁹⁰ Vgl. hierzu die Türen aus: Kat. 16, 17, 19, 21.

¹⁹¹ Vgl. Kat. 19.

¹⁹² Vgl. Kat. 42.

¹⁹³ Bei der Betrachtung der Türblätter im Untersuchungsgebiet ist auffallend, dass die Abmaße der Türblätter mit einer Breite um 115 cm und einer Höhe um 215 cm relativ einheitlich ausfallen. Bei den von Graf aufgeführten Türblättern zeigen sich ganz ähnliche Breiten um 120 cm und Höhen um 215 cm. Vgl. bei: (Graf, Mittelalterliche Beschläge an Türen nordwestsächsischer Dorfkirchen, 2016) S. 22 ff.; vgl. auch Katalog im Anhang.

¹⁹⁴ Vgl. (Schulmeyer, 1995), S. 70 f.; Kat. 29.

¹⁹⁵ Vgl. Kat. 9, 38.

¹⁹⁶ Vgl. Kat. 39.

¹⁹⁷ *„Dollen sind prismatische oder zylindrische Holzstückchen aus hartem Holz (Eiche, Esche, Ahorn), die mit einer Hälfte ihrer Länge in das eine, mit der anderen Hälfte in das andere der beiden zu verbindenden Holzstücke fest eingetrieben* […] werden. *Sie sind von außen her nicht sichtbar".* aus: (Böhm, 1911), S. 25.

¹⁹⁸ Vgl. Kat. 1, 9, 39.

¹⁹⁹ *„Dies waren schmale, löffelartig geformte Eisen, deren unteres Ende zu einer Schneide angeschliffen wurde. Mit hohem Kraftaufwand ließ sich der Bohrer in das Holz drücken und schabte durch Drehung des Eisens Späne ab, die sich in der Löffelhöhlung sammelten."* aus: (Stülpnagel, 2000), S. 17.

²⁰⁰ Vgl. Kat. 10, 18, 44.

²⁰¹ Vgl. (Böhm, 1911), S. 33 f, 184; (Walde, 1907), S. 135 f.; (Bücheler, 1938), S. 262; (Spannagel, Der Möbelbau, 1939), S. 62.

²⁰² Vgl. Kat. 33; vgl. auch Fußboden 1. OG / Vorhalle Herrenhaus Briest.

²⁰³ (Walde, 1907), S. 135.

²⁰⁴ Vgl. (Walde, 1907), S. 135.

²⁰⁵ Vgl. Kat. 3, 4, 9, 25, 34, 35.

²⁰⁶ (Bauer, 2012), S. 175.

²⁰⁷ *„Spundung:* […] *Dabei wird die eine Schmalfläche des Brettes mit einer angehobelten Feder, die andere Schmalfläche mit einer Nut versehen. ";* aus: (VEB Druckhaus „Maxim Gorki", 1988), S. 700.

208 Vgl. Kat. 24.

209 „Feder: 1. Aus Holz hergestellte Leiste, die im Holz- und Möbelbau bei Holzbreitenverbindungen angewendet wird."; aus: (VEB Druckhaus „Maxim Gorki", 1988), S. 217.

210 Vgl. Abb. 31.

211 (VEB Druckhaus „Maxim Gorki", 1988), S. 206, Abb. g).

212 Diese Form der Fugenausbildung konnte in Maulbronn an Türen ab Ende des 13. Jahrhunderts beobachtet werden. (vgl. bei: (Bauer, 2012), S. 181 f.).

213 Vgl. Kat. 41.

214 Vgl. Kat. 25.

215 (VEB Druckhaus „Maxim Gorki", 1988), S. 346.

216 Vgl. Kat. 41.

217 In der Kirche Krüden (Kat. 25) findet sich eine einfachere Ausführungsvariante dieser Holzverbindung. Der Wechselfalz ist an dieser Tür nicht angewendet worden. Die stumpfe Fuge findet in der Türblatthöhe ihren Wendepunkt, den man hier eher als Stufe beschreiben kann. Diese Konstruktion hat zur Folge, dass Licht durch die Fuge dringen kann.

218 (Schreber, 1769), S. 229.

219 Die wichtigsten Verbindungen werden im Kapitel „Die Breitenverbindung", S. 40 f. näher beleuchtet.

220 Kat. 44.

221 Kat. 18.

222 Kat. 10.

223 Vgl. (Agthe, 2017), S. 135.

224 (Agthe, 2017), S. 135.

225 Vgl. (Stülpnagel, 2000), S. 21 ff.

226 Vgl. (Stülpnagel, 2000), S. 19 ff.

227 Vgl. (Stülpnagel, 2000), S. 19 ff.

228 Vgl. Kat. 8.

229 Vgl. Kat. 19.

230 Vgl. Kat. 3.

231 „Nut: Mit dem N.hobel [...] erzeugte rinnenförmige Vertiefung in Werkstücken aus Holz. Der N.grund kann gerade oder rund sein, die N.wange parallel oder konisch verlaufen."; aus: (VEB Druckhaus „Maxim Gorki", 1988), S. 514.

232 In Göllnitz (Kat. 19) und St. Gotthardt (Kat. 3) stellt es sich so dar, dass die Feder bis auf die Fußbodenfläche herausgerutscht ist. Das hat dazu geführt, dass sie durch das Aufschleifen an Länge verloren hat.

233 Vgl. Kat. 19.

234 Vgl. Kat. 8, 19.

235 Vgl. Kat. 3.

236 Vgl. Abb. 47.

237 Die Fremdfeder der Kirchentür in Göllnitz (Kat. 19) zeigt gleichartige Spuren.

238 Vgl. (Stülpnagel, 2000), S. 21.

239 Vgl. (Stülpnagel, 2000), S. 23.

240 „Lachte: Fläche von etwa 50cm Breite und 40cm Länge mit fischgrätenartig angelegten Einschnitten (Rissen) in den Splint zur Lebendharzung an Nadelbäumen, vor allem an Kiefer [...]."; aus: (VEB Druckhaus „Maxim Gorki", 1988), S. 441.

241 Vgl. (Stülpnagel, 2000), S. 20.

242 Vgl. Kat. 39; vgl. auch bei: (Graf, Mittelalterliche Beschläge an Türen nordwestsächsischer Dorfkirchen, 2016), S. 24 f., dort: Abb. 4, 5.

243 Besonders deutlich wird dieses Konstruktionsprinzip am inneren Gemeindeportal der Kirche Stöbritz (Kat. 39).

244 Vgl. Kat. 3, 10, 12, 18, 45, 46.

245 Vgl. Kat. 20, 38.

246 Vgl. Kat. 39.

247 Vgl. Kat. 38.

248 Vgl. Kat. 9.

249 An der dreibohligen Kirchentür in Falkenhain (Kat. 10) ist eine solche Verbindung derartig hergestellt worden, dass die Ausnehmung für die beidseitig abfallend gearbeitete Gratleiste nicht bis an die Außenkanten geführt worden ist. Man hat also zuerst die mittlere Bohle an der Leiste befestigt und dann die beiden Randbohlen aufgeschoben und angenagelt.

250 Vgl. (Spannagel, Die Bauschreinerei, 1950), S. 493.

251 Aus rein praktischen Erwägungen heraus ist anzumerken, dass sich die Nägel leichter quer zur Faser umschlagen lassen, was sicher auch ein Beweggrund war, die Nagelung entsprechend auszuführen.

252 Vgl. Kat. 10.

253 Vgl. (Zietz, 1963), S. 109 f.

254 Diese Verbindungen bestehen aus zwei Grundelementen. Zum einen der Gratfeder an der Gratleiste und zum anderen der Gratnut im Türblatt. Beide Elemente besitzen ein schwalbenschwanzförmiges Aussehen und werden orthogonal zum Faserverlauf der Türblattfläche angeordnet. Die Gratleiste besteht aus dem gleichen oder einem härteren Holz als das der zu stabilisierenden Fläche. Sie sollte nicht breiter als 65 mm sein. Ihr Schwalbenschwanzprofil verjüngt sich auf die Länge der Leiste leicht. In die Holzflä-

che wird ein Gegenstück, die Gratnut, eingearbeitet. Beim Einschieben der Gratleiste soll diese im letzten Drittel schwergängig einzutreiben sein. Die Gratfeder soll an der schmalen Stelle mit dem Türblatt in einer definierten Breite verleimt werden. Das Arbeiten bei einer Gratverbindung findet statt, indem die Holzfläche sich, aufgrund der konischen Bearbeitung der Gratverbindung, von breit nach schmal bewegen wird.

[255] Anm.: Der Autor möchte hier auf den Verweis 308 aufmerksam machen.

[256] Vgl. (Zietz, 1963), S. 110.

[257] Vgl. Kat. 6, 7, 13, 21, 35.

[258] Vgl. (Bauer, 2012), S. 171 ff.

[259] Vgl. (Bauer, 2012), S. 179; vgl. auch Kat. 10.

[260] Vgl. Kat. 1, 6.

[261] Vgl. (Bauer, 2012), S. 173 ff.

[262] Vgl. Kat. 3, 19, hier jedoch ohne Holznagelsicherung.

[263] Vgl. (Bauer, 2012), S. 176 f.

[264] (Bauer, 2012), S. 181.

[265] Vgl. Kat. 4, 7.

[266] Vgl. (Bauer, 2012), S. 177 ff.

[267] Dieses markante Merkmal ist bei den Maulbronner Türen nicht zu beobachten (vgl. Kat. 13, 14, 16).

[268] Vgl. Kat. 2.

[269] Nach Dehio wurde die Sakristei Anfang des 15. Jahrhunderts errichtet (vgl. (Dehio, Georg, 2000), S. 71). Dendrochronologische Untersuchungen legen nahe, dass der Dachstuhl des Chores 1477 oder 1478 gerichtet wurde. Schumann beschreibt erklärend, dass die Errichtung der Sakristei in zeitlichem Zusammenhang mit der Bautätigkeit um den Chorumbau im 3. V. des 15. Jahrhunderts gesetzt werden muss. (vgl. (Schumann, 2017), S. 59f.); Anm.: Da der Scheitelstein über der mittleren Bohle des Türblattes bauwerksgebunden ist und mit den Abmaßen des Türblattes korreliert, kann man davon ausgehen, dass beides in einer Bauphase errichtet wurde. Darauf deutet auch der erhaltene schmiedeeiserne Beschlag hin. Er scheint Eichenzweige darzustellen. Am jeweils entferntesten Fortsatz ist eine Eichelfrucht dargestellt. Die restlichen, blattartig ausgearbeiteten Endungen erinnern stilisiert an Laub einer Eiche. Der Entstehungszeitraum kann stilistisch ebenfalls in das bereits benannte Zeitfenster eingeordnet werden. Schmitz beschreibt einen sehr ähnlichen Türbeschlag aus dem Magdeburger Dom aus dem 14. Jahrhundert (vgl. (Schmitz, 1905), Blatt 35). Weitere Beschläge datiert er bis ins 15. Jahrhundert hinein (vgl. (Schmitz, 1905), Blatt 36 ff.). Auffallende Parallelen, wenngleich nicht in der gleichen darstellerischen Dichte, zeigen sich auf einem Kästchen aus der 1. H. des 15. Jahrhunderts aus oberrheinischem Gebiet (vgl. (von Falke, 1924), S. 36). Dort sind mehrere belaubte Eichenbäume stilisiert dargestellt. An den Endungen der Äste sind deutlich Eichelfrüchte zu erkennen.

[270] Vgl. Kat. 8, 9, 10, 18, 44; vgl. auch (Agthe, 2017), S. 133 ff.

[271] Vgl. (Jester, 1816), S. 286; (Greber, 1956), S. 126.

[272] Vgl. (Böhm, 1911), S. 17.

[273] (VEB Druckhaus „Maxim Gorki", 1988), S. 84.

[274] Vgl. (Volkmann, 2012). S. 1.

[275] Vgl. (Jeute, 2006), S. 88.

[276] (Volkmann, 2012), S. 7.

[277] Neben der Gewinnung von Eisen setzte man seit dem 13. Jahrhundert Raseneisenstein als Baumaterial ein. In beachtlichem Umfang sind Bauwerke (z. B. Molkenhaus-Bärwinkel/Amt Neuhardenberg; Muschelgrotte Neuer Garten/Potsdam; Hammerdamm/ Amt Golzow; Kirche Friedersdorf (Kat. 15), oder Teile an Bauwerken (Kirche Buchhain (Kat. 6, 7), Kirche Breitenau, Kat. 5) aus diesem Material errichtet worden, was auf reichliche Vorkommen und leichten Abbau hinweist.

[278] Vgl. (Landesbetrieb des Landes Brandenburg im Geschäftsbereich des Ministeriums des Innern und für Kommunales Brandenburg, 2005).

[279] *„Raseneisenstein oder -erz entsteht in fein- bis mittelkörnigem Sand bzw. Torfen feuchter und sumpfiger Niederungen, die von eisenhaltigem Grundwasser durchströmt werden. […] Das mit dem Grundwasser geführte Eisen (sowie Mangan und Phosphor) fällt durch Oxidation oberflächennah aus und verfestigt sich nachträglich mit dem Mineralboden zu Raseneisenstein."*; aus: (Gall, Schmidt & Bauriegel, 2003), S. 2.

[280] Vgl. (Volkmann, 2012), S. 7.

[281] Vgl. (Volkmann, 2012), S. 6 f.

[282] Vgl. (Volkmann, 2012), S. 9.

[283] Vgl. Kat. 10, 39.

[284] Vgl. Kat. 13, 19, 30, 31, 33; vgl. auch (Graf, Vom Detail zum Ganzen: Zur Ausstattung romanischer Dorfkirchen in Nordwestsachsen, 2008), S. 22 ff.

[285] *„Band: Beschlag an Türen und Fenstern, mit dem die Flügel bzw. Türen am Rahmen drehbar aufgehängt werden."* aus: (VEB Druckhaus „Maxim Gorki", 1988), S. 58.

[286] Kloben: Das im Mauerwerk eingesetzte, eiserne abgewinkelt gearbeitete Metallteil, worauf das Band aufliegt, um eine Drehbewegung zu ermöglichen. (vgl. hierzu bei: (Spannagel, Die Bauschreinerei, 1950), S. 171 f.).

[287] Vgl. Abb. 44.

[288] Vgl. (Schreber, 1769), S. 186.

[289] Eine sehr klare Form eines Schwalbenschwanzbandes finden sich an der Tür in Dollenchen (Kat. 8). Weitere, dort jedoch als Gabelband ausgeführt, sind an den Türen der Kirche Kreblitz (Kat. 24) und Werenzhain (Kat. 45, 46) montiert. Auf der Abbildung eines Gemäldes aus dem Jahr 1438 sind die Fensterläden im Hintergrund des Bildes mit deutlich gezeichneten Schwalbenschwanzbändern angeschlagen. (vgl. (von Falke, 1924), S. XXXI)).

[290] Diese Bandlappenform findet sich im gesamten Bundesgebiet (vgl. (Schmitz, 1905)), aber auch an einigen Eingangstüren zu Kirchenburgen in Siebenbürgen (Schönberg, Kirtsch).

[291] Vgl. Abb. in: (von Falke, 1924), S. 20; (Schmitz, 1905), S. 23 und Blatt 19.

[292] Vgl. Kat. 5, 10, 16, 17, 18, 19.

[293] Vgl. (Schulmeyer, 1995), S. 26 ff, vgl. auch Kat. 39, S. 161, Abb. rechts oben.

[294] Als Langband bezeichnet man eine Eisenschiene, die an einem Ende zu einer Bandrolle gearbeitet ist und flach aufliegend am Türblatt mit mehreren Schrauben oder Nägeln befestigt wird. (vgl. hierzu unter: *Band* bei: (VEB Druckhaus „Maxim Gorki", 1988), S. 58, Abb. a.

[295] Vgl. (Schmitz, 1905), Blatt 42; (von Falke, 1924), S. 20, 21.

[296] (Schreber, 1769), S. 183. Anm.: Die Bezeichnung lässt sich möglicherweise darauf zurückführen, dass die flämischen Siedler beim Landausbau ab 1200 diese Bandform mitbrachten. Im Untersuchungsgebiet finden sich *„mehrere Ortschaften* [die] *eine doppelt*[e] *Dorfumwallung aufweisen, die in der Regel flämischen Siedlern zugeschrieben wird"*. aus: (Assing, 1995), S. 98.

[297] Vgl. Kat. 2, 21, 25, 38, 39, 45, 46.

[298] (Schreber, 1769), S. 183.

[299] *Flämische Band* – diese Art von Bändern bezeichnet man auch als Gabelband; vgl. hierzu: (Ehrenberg, Knoblauch & Hoffmann, 1843), S. 245.

[300] Vgl. (Schulmeyer, 1995), S. 27 f.

[301] Vgl. Kat. 25.

[302] Vgl. (Schulmeyer, 1995), S. 26.

[303] Dieser Vorgang wird auch heute noch als Anschlagen bezeichnet. *„Anschlagen:* […] *2. Das Befestigen von Beschlägen* […]*, wie Bändern* […] *usw., an hölzernen Bauelementen aller Art (Fenster, Türen, Möbel usw.)."* aus: (VEB Druckhaus „Maxim Gorki", 1988), S. 30.

[304] (Schulmeyer, 1995), S. 9.

[305] Anm.: Der Anschläger beschäftigt sich nahezu ausnahmslos damit die Beschläge an Türen, Fenstern, Möbeln und Fensterläden zu befestigen. Das Anschlagen war per Innungsartikel dem Schlosserhandwerk zugeschlagen. vgl. (Schreber, 1769), S. 228 f.; (Gilly, 1798), S. 278; Anm.: Auch heute wird das Anbringen der Beschläge an Fenstern, Türen und Möbeln als Anschlagen bezeichnet. In großen Fensterwerken werden diese Abteilungen als Anschlägereien und die Arbeiter als Anschläger bezeichnet.

[306] Vgl. (Frick & Knöll, 1927), S. 155; (Wickop, 1949), S. 40.

[307] Vgl. (Schreber, 1769), S. 229.

[308] An dieser Stelle sei dem Autor eine abschweifende Anmerkung zu den vorgefundenen, in Lehrbüchern fachlich falsch beschrieben und heute ebenso falsch gelehrten, Gratverbindungen in Verbindung mit dem *Anschlagen* eingeräumt. Bei der Bearbeitung durch das Anschlagen, bestehen in diesem Punkt große Informationslücken im Tischlerwesen, da die Eigenart der Befestigung der Bänder am Türblatt in der Regel mit einem Niet an der Breitseite der Gratfeder durch selbige ausgeführt wird. Auch heute werden Langbänder in ähnlicher Art und Weise an Türblättern montiert. Folglich ist das Holz an dieser Stelle fixiert und kann nicht in die Richtung der kleiner werdenden Gratfeder arbeiten. Das Holz wird aufreißen oder sich verformen.
Eine fachlich einwandfreie Ausführung ist demnach die, bei der die Beschlagsverbindung durch die Gratleiste in das Türblatt hinein an der schmalen Stelle der Gratverbindung stattgefunden hat. Das Holz hat die Möglichkeit frei zu arbeiten (vgl. Kat. 17, 41).
Die falsche Vorgehensweise scheint historisch gewachsen zu sein, da an den meisten, auch histori-

schen, Türen dieser Fehler flächendeckend auftritt. Es ist anzunehmen, dass die Anschläger, die eigentlich im Schlosserhandwerk ansässig waren, die Türen einfach nach ästhetischen Gesichtspunkten anschlugen. Wenn nämlich das Band an der Schmalseite befestigt wird, sind die offenen Enden der Gratnut auf der Schlossseite vom Einschieben der Gratleiste sichtbar. Aus technischer Sicht ist demnach das regelmäßig falsch ausgeführte Anschlagen als mangelhaft und schädlich zu bewerten, wenngleich viele Türen diese Art der Befestigung erstaunlich gut überdauert haben. Gerade in Hinblick auf die Belegung der Türen mit den schmiedeeisernen Schmuck- oder auch Funktionsbeschlägen, ist es umso erstaunlicher, dass sich eine Vielzahl von Türen erhalten hat.

309 (Schreber, 1769), S. 228 f.
Anm: Dieses Zitat entspringt einem Buch des ausgehenden 18. Jahrhundert's und kann somit nur bedingt für den Untersuchungsgegenstand genutzt werden. Es verdeutlicht jedoch, dass der Zunftzwang in bestimmten Regionen bei sehr speziellen Arbeiten aufgeweicht Bestand hatte.

310 (Schreber, 1769), S. 230.

311 Vgl. Kat. 3, 4.

312 Dem Westbau wird im unteren Teil ein Baubeginn vor 1161 zugeschrieben. vgl. (Badstübner & Böttcher, Feldsteinkirchen des Mittelalters, 2002), S. 28.

313 Eine ähnliche Bandkonstruktion deutet Schmitz an der Tür der Bartholomäuskapelle in Paderborn an (vgl. (Schmitz, 1905), S. 17, Fig. 12).

314 (Schreber, 1769), S. 191.

315 Auffällig ist, dass der Kopf dieses Nagels eine sehr ähnliche Form zeigt, wie der hintere Schlossnagel am Schloss der Kirche Vielbaum (Kat. 42).

316 (Badstübner, Stadtkirchen der Mark Brandenburg, 1983), S. 21.

317 In Falkenhain (Kat. 10) wurde ein Holz aus dieser Tasche dendrochronologisch auf frühestens 1195 datiert. Hier wurde offensichtlich ein wiederverwendetes Holz verbaut, da die Kirche ins ausgehende 14. Jahrhundert datiert ist (vgl. (Agthe, 2017), S. 135).

318 Vgl. Kat. 39.

319 Vgl. Kat. 42.

320 Vgl. Kat. 10.

321 Eine ähnliche Situation findet sich ebenfalls an der Kirchentür in Rückersdorf (Kat. 33).

322 Die Kirche Falkenhain (Kat. 10) wird ins ausgehende

14. Jahrhundert datiert (vgl. (Agthe, 2017), S. 135); Anm.: Das Schloss und die zugehörigen Bauteile können ebenfalls in diesen Zeitraum datiert werden.
Schlüsselbart: vgl. (Goerig, 2010), S. 324, Abb. SW253;
Schlüsselreide: vgl. (Goerig, 2010), S. 319, Abb. SW231;
Schlüsselschild: vgl. (Goerig, 2010), S. 230, Abb. SW7;
Schloss: vgl. (Goerig, 2010), S. 230, Abb. SW7.

323 Vgl. Kat. 15.

324 Vgl. Kat. 3, 12.

325 Vgl. Kat. 36.

326 Vgl. Kat. 2.

327 Vgl. (Uhlhorn, 2018), S. 8.

328 Vgl. Katalog.

329 Vgl. Schlossform, Eisenbänder und sämtliche Nagelkopfform unter: (Deutsches Dokumentationszentrum für Kunstgeschichte – Bildarchiv Foto Marburg, Philipps-Universität Marburg, 2018); entnommen am: 06.05.2018.

330 Vgl. (Uhlhorn, 2018), S. 12; entnommen am: 02.09. 2018.

331 Vgl. Kat. 25, 42.

332 Vgl. (Graf, 2016), S. 33, darin: Anm. 34.

333 Vgl. (Goerig, 2010), S. 231, 384.

334 Vgl. (Goerig, 2010), S. 230, 384.

335 Vgl. (Goerig, 2010); vgl. auch (Weissenberger, 2011).

336 Anm.: In der Kirche Schönborn (Kat. 34, 35, 36) wird ein Balkenschloss lose in der Saktistei gelagert, das die beschriebenen Merkmale aufweist.

337 *„Angriff Einschnitte oder zahnförmige Ansätze […]am Schlossriegel, an die der Schlüsselbart zur Bewegung des Riegels angreift“*; aus: (Goerig, 2010), S. 10.

338 In der Kirche Falkenhain (Kat. 10) ist ein, vermutlich bauzeitlicher Hohldornschlüssel vorhanden.

339 Auf einem ähnlichen Prinzip beruhend, wurde anstatt des Dornes eine Hülse im Kasten montiert, in der der Volldornschlüssel kreisenden Bewegungen folgen konnte. Ein derartiges Balkenschloss ist in Kemnitz (Kat. 22), mit vermutlich bauzeitlichem Schlüssel, vorhanden.

340 *„Zuhaltungen Durch Feder- oder Schwerkraft die Bewegung des Riegels formschlüssig sperrende Elemente. Die Zuhaltungen sollen den Riegel in seiner Verschlussposition* [halten, um zu] *verhindern, dass die Riegel*

durch manipulative Maßnahmen aufgedrückt werden können."; aus: (Goerig, 2010), S. 149.

341 Vgl. (Goerig, 2010), darin: Abb. L44.1.

342 „Eingerichte […] Gehäuseartiges Bauteil im Schloss zur Führung des Schlüssels, in dem die den Einschnitten/Einstrichen des Schlüsselbartes entsprechenden Durchlaufsicherungen befestigt sind."; aus: (Goerig, 2010), S. 30 ff.; Anm.: Dieses ist auf Abb. 55 im sogenannten Haus (Kapelle) verborgen.

343 Vgl. Kat. 42.

344 Vgl. (Goerig, 2010), S. 231; (Weissenberger, 2011), S. 219.

345 Vgl. (Goerig, 2010), S. 231.

346 Vgl. (Weissenberger, 2011), S. 219.

347 An der Priesterpforte der Kirche Redekin (Kat. 32) scheint der Befundlage nach ebenfalls ein querliegendes Balkenschloss angebracht gewesen zu sein.

348 Vgl. Kat. 19.

349 Vgl. Kat. 11.

350 Kat. 22, 38.

351 Kat. 19, 41.

352 Vgl. Kat. 1, 12, 19, 28, 45, 46.

353 Vgl. für den süddeutschen Raum bei: (Goerig, 2010), S. 208; vgl. auch (Graf, Mittelalterliche Türbeschläge im Delitzscher Raum, 2004), S. 32 ff.

354 Vgl. (von Falke, 1924), S. 15, 17, 26; (Albrecht, 1997), S. 20; (Agthe, 2017), S. 226, darin: Abb. 311; vgl. auch Einbaumtruhe mit drei erhaltenen Balkenschlössern im Innern und drei vorhandenen Schlüsselschildern in der Kirche Dollenchen (Kat. 8).

355 Vgl. (von Falke, 1924), S. 15, 17, 26.

356 Vgl. (Albrecht, 1997), S. 20.

357 Vgl. (Schmitz, 1905), Blatt 11.

358 Vgl. (Schmitz, 1905), S. 22, darin: Fig. 27, Blatt 32: hier jedoch etwas aufwändiger gearbeitet.

359 Vgl. Kat. 18, 21, 25, 38; vgl. auch (Deutsches Dokumentationszentrum für Kunstgeschichte – Bildarchiv Foto Marburg, Philipps-Universität Marburg, 2018), entnommen am: 08. 05. 2018.

360 Vgl. Abb. 68.

361 Anm.: In Abb. 70 kann der Angriffsweg auf den Schlossriegel nachvollzogen werden.

362 Vgl. Kat. 21, 45.

363 Vgl. Kat. 1.

364 Vgl. Kat. 13, 42, 45.

365 Vgl. Kat. 10, 12, 22, 38.

366 Vgl. Kat. 11, 15, 41.

367 „Zweck des Verdrehens oder Torsierens ist es, ein Schmiedstück um seine Längsachse zu drehen. Bei mehrmaligem Drehen entsteht eine wendelartige Form."; aus: (Schulmeyer, 1995), S. 20.

368 Vgl. Kat. 38.

369 Besondere Beachtung verdient die innere Sakristeitür der Kirche Stöbritz (Kat. 38) mit den aufwändig ausgeschmiedeten Bändern und Zierbeschlägen, die mit großem Aufwand oberflächenbündig in das Türblatt eingelassen wurden. Das Schlüsselschild ist als kreisrunde Sonne mit Sonnenstrahlen aus Blech geformt dargestellt. In dessen Mitte ist ein Schlüsselloch für das Balkenschloss eingearbeitet worden. Die Nagelenden der Befestigungsnägel für das Balkenschloss sind auf der Außenseite umgeköpft. Zur Abdeckung der unschönen Verkröpfungen wurden vier Nägel mit einem stark konzentrisch angearbeiteten ca. 25 mm großen Kopf hergestellt und an diesen Stellen flächenbündig in das Holz eingearbeitet, um diese Stellen zu verdecken. Es handelt sich bei dieser eichernen Spaltbohlentür um eine hochwertige Arbeit mit gestalterischem Anspruch.

370 Schlüssel der Kirche Falkenhain (Kat. 10), Frankendorf (Kat. 12), Kemnitz (Kat. 22); (Goerig, 2010) 318 ff., (Weissenberger, 2011), S. 60 ff.

371 (Schreber, 1769), S. 255.

372 Vgl. (Theune, 2008), S. 19.

373 Vgl. (Goerig, 2010), S. 56.

374 Vgl. (Goerig, 2010), S. 56, 172, 209, 230 f.; (Weissenberger, 2011), S. 93, 142, 156, 219.

375 Vgl. (Goerig, 2010), S. 56, dort: Abb. auf: S. 172, 209, 230 f.; vgl. auch (Weissenberger, 2011), dort: Abb. auf: S. 93, 142, 156, 219.

376 Vgl. (Agthe, 2017), S. 18.

377 Vgl. Kat. 45, 46.

378 Vgl. Kat. 12, 24, 41.

379 Vgl. Kat. 4, 19, 30, 31, und viele Endungen der Flächenbeschläge.

380 Vgl. Kat. 13, 15, 28, 29, 33.

381 Vgl. Kat. 6, 10.

382 Vgl. Kat. 25, 30, 31, 37, 45, 46.

383 Ziselierung: „Gravieren und ziselieren heißt, Punkte, Linien und Muster als Verzierung in die Metalloberfläche einzuarbeiten."; aus: (Weissenberger, 2011), S. 276.

384 Vgl. Kat. 16, 17, 35.

385 Vgl. Kat. 5, 37.

386 Vgl. Kat. 13, 36.

387 Vgl. Kat. 33.

388 Vgl. Kat. 33, 35.

389 Vgl. Kat. 16, 37.

390 Vgl. (Schulmeyer, 1995), S. 22 f.

391 Vgl. Kat. 3, 4, 7, 11, 13.

392 Vgl. Kat. 5, 6, 7, 41, 47.

393 Vgl. Kat. 15, 25, 33.

394 Anm.: An fast allen Beschlagendungen im Untersuchungsgebiet wurden Tierkopfendungen vorgefunden.

395 Vgl. Kat. 19, 25, 28, 29.

396 Vgl. (Graf, 2016), S. 27.

397 Vgl. (Graf, 2016), S. 24; (Schulmeyer, 1995), S. 124.

398 Vgl. (Graf, 2016); (Schulmeyer, 1995).

399 Vgl. Kat. 41.

400 Vgl. Kat. 47.

401 Vgl. Kat. 34, 45.

402 Vgl. Kat. 1, 5, 34, 35, 36.

403 Vgl. Kat. 5, 13, 33, 34, 35, 36, 45, 46.

404 Vgl. Kat. 15, 19, 30, 31, 45, 46.

405 Vgl. Kat. 13, 29, 33, 35, 36, 45, 46.

406 Vgl. (Graf, 2004), S. 33.

407 Vgl. (Graf, 2016), S. 26.

408 (Graf, 2016), S. 26.

409 (Graf, 2016), S. 25.

410 Vgl. (Graf, 2016), S. 22 ff.

411 Vgl. Kat. 13.

412 (Graf, Mittelalterliche Beschläge an Türen nordwestsächsischer Dorfkirchen, 2016), S. 25.

413 Vgl. (Graf, 2016), S. 25; (Schulmeyer, 1995), S. 43; (Agthe, 2017), S. 144 f, 331, (hier jedoch als Beleg von Innenraummalerei); (Wipprecht, 1999), S. 8; (Schmitz, 1905),S. 21 f.; vgl. auch Kirchentür Kirtsch/Siebenbürgen, hier als geometrisch angelegte Schablonenmalerei unbestimmten Alters.

414 Anm.: Möglicherweise wurde dieses Detail bewusst inszeniert.

415 Vgl. Abb. 79.

416 Vgl. (Graf, Mittelalterliche Beschläge an Türen nordwestsächsischer Dorfkirchen, 2016), S. 29.

417 Vgl. (Graf, Mittelalterliche Beschläge an Türen nordwestsächsischer Dorfkirchen, 2016), S. 29.

418 Vgl. Jesaja 60, 1–22.

419 Vgl. Jesaja 60, 20.

420 (Schulmeyer, 1995), S. 73.

421 Aufmerksamkeit verdient die Erstbefestigung an einigen Bändern im kantennahen Bereich, da dort die größten Kräfte wirken. Man kann an den Kirchentüren Friedersdorf-Rückersdorf (Kat. 13), Rückersdorf (Kat. 33)und in Schönborn (Kat. 35) U-förmige, über das Langband genagelte Halteeisen erkennen. Das vom Band durch das Holz getriebene Halteeisen war ähnlich gearbeitet wie ein Schmiedenagel. Es besaß zwei Schäfte, die auf der gegenüberliegenden Seite des Bandes umgekröpft in das Holz zurückgelegt wurden. Man suchte nach anderen Techniken und Mitteln, die diese Funktion übernehmen konnten. Als Resultat dieser Überlegungen wandte man eine Befestigung an, die dem Schmiedehandwerk entlehnt ist. Der Anschläger vernietete die Bänder mit dem Türblatt. Hierzu bohrte er Löcher durch das Türblatt, trieb den Niet von der Bandgegenseite her hindurch *„und vernietet*[e] *das hervorstehende Ende auf eben dem Bande. Da die Nietnägel theuer sind, so schlägt man deren gemeiniglich nur zween in jedes Band*, bey dem Gewinde"; aus: (Schreber,1769), S. 230.

422 Vgl. Kat. 5, 13, 22, 23, 33, 35.

423 Vgl. (von Falke, 1924), S. 19.

424 Vgl. (Albrecht, 1997), S. 20; Anm. zur Abb. bei Albrecht: Dem Autor scheint, der auf der Abbildung klar ausgeformt wirkende Beschlag dieser Truhe an Beschlagwerke an Türen und Möbeln des 12.–13. Jh. zu erinnern. (vgl. hierzu ebd. S. 29, darin: Abb.31, hier jedoch grober gearbeitet und S. 33, darin: Abb.42). An Türen finden sich ähnliche Formen für das 12.–13. Jh. (vgl. (Schmitz, 1905), Blatt 13 ff.); Möglicherweise wurden Beschläge oder Teile davon wiederverwendet.

425 Vgl. (Schmitz, 1905), Blatt 13, hier 12. Jahrhundert.

426 Vgl. Abb. 86.

Literatur

Agthe, Markus (2017). *Kirche zwischen mittlerer Elbe und Bober.* Wünsdorf: Brandenburgisches Landesamt für Denkmalpflege.

Albrecht, Thorsten (1997). *Kisten –Truhen – Laden.* Petersberg: Michael Imhof Verlag.

Assing, Helmut (1995). Die Landesherrschaft der Askanier, Wittelsbacher und Luxemburger. In: *Brandenburgische Geschichte.* Berlin: Akademie Verlag GmbH.

Badstübner, Ernst (1983). *Stadtkirchen der Mark Brandenburg.* Berlin: Evangelische Verlagsanstalt GmbH.

Badstübner, Ernst, & Böttcher, Ulf (2002). *Feldsteinkirchen des Mittelalters.* Rostock: Hinstorff Verlag GmbH.

Bastholm, Christian (1820). *Historische Nachrichten zur Kenntniß des Menschen in seinem Wilden und rohen Zustande* (Bd. 3). Altona: Hammerich.

Bauer, Sybille (2012). Die Bohlentüren der Klosterkirche Maulbronn. Dendrochronologisch datierte Zeugnisse des millelalterlichen Holzhandwerks zwischen dem 12. und 15. Jahrhundert. In: *Mitteilungen der Deutschen Gesellschaft für Archäologiie des Mittelalters und der Neuzeit* (Bd. 24, S. 171–198).

Bergau, Rudolf (1885). *Inventar der Bau- und Kunstdenkmäler in der Provinz Brandenburg, Bd. 1* (Bd. 1). Berlin: Vossische Buchhandlung.

Bergau, Rudolf (1885). *Inventar der Bau- und Kunstdenkmäler in der Provinz Brandenburg, Bd. 2* (Bd. 2). Berlin: Vossische Buchhandlung.

Berthold, Kurt u. a. (1988). *Lexikon der Holztechnik.* Leipzig: Fachbuchverlag.

Bibliographisches Institut. (1908). *Meyers Großes Konversations-Lexikon.* Leipzig/Wien: o. A.

Blumer, Rolf-Dieter, & Gerner-Beuerle, Claudia: Siehe Flyer zum Kolloquium: „Bohlentüren und Eisenkunst des Mittelalters in Esslingen, 21./22. 11. 2018.

Blunck, August (1931). *Die Konstruktion und die praktische Form.* Berlin: Verlagsanstalt des Deutschen Holzarbeiter-Verbandes, GmbH.

Böhm, Theodor (1911). *Handbuch der Holzkonstruktionen des Zimmermanns.* Berlin: Verlag von Julius Springer.

Bücheler, Robert (1938). *Der praktische Möbel- und Bau-Schreiner.* Stuttgart: Verlag von Ernst Heinrich Moritz.

Bünz, Enno (2008). Kühren 1154: Ostsiedlung und Landesausbau in Sachsen. In *Ostsiedlung und Landausbau in Sachsen* (S. 17–47). Leipzig: Leipziger Universitätsverlag GmbH.

Danhelovsky, Adolf (1873). *Abhandlung über die Technik des Holzwaaren-Gewerbes in den slavonischen Eichenwäldern.* Fünfkirchen.

Dehio, Georg (1994). *Handbuch der deutschen Kunstdenkmäler: Berlin.* Berlin: Deutscher Kunstverlag.

Dehio, Georg. (2000). *Handbuch der deutschen Kunstdenkmäler: Brandenburg.* Berlin: Deutscher Kunstverlag.

Deutsches Dokumentationszentrum für Kunstgeschichte – Bildarchiv Foto Marburg, Philipps-Universität Marburg. (08. 05. 2018). *https://www.bildindex.de.* Von https://www.bildindex.de: https://www.bildindex.de/document/obj20340081/mi13440a04/?part=0 abgerufen

Deutsches Dokumentationszentrum für Kunstgeschichte – Bildarchiv Foto Marburg, Philipps-Universität Marburg. (06. 05. 2018). *https://www.bildindex.de/.* Von https://www.bildindex.de/: https://www.bildindex.de/document/obj20470980?medium=mi00034d04 abgerufen

Ehrenberg, v., Knoblauch, & Hoffmann. (1843). *Baulexikon – Erklärung der im gesammten Bauwesen am häufigsten vorkommenden technischen- und Kunstausdrücke.* Frankfurt am Main: Johann David Sauerländer.

Elkar, Rainer, Keller, Katrin, & Schneider, Helmut (2014). *Handwerk – Von den Anfängen bis zur Gegenwart.* Darmstadt: Konrad Theiss Verlag.

Filipovits-Flasch, Daniela (2008). *Diss. Eingangszonen.* Wien: Technische Universität.

Finsterbusch, Edgar (1987). *Vom Steinbeil zum Sägegatter.* Leipzig: Fachbuchverlag.

Flocken, Johann, & Walking, Henry (1947). *Lehrbuch für Tischler; Teil 1.* Leipzig: Volk und Wissen Verlags GmbH.

Frick, Otto, & Knöll, Karl (1927). *Die Konstruktion von Hochbauten.* Wiesbaden: Springer Fachmedien Wiesbaden GmbH.

Gaebeler, Jürgen (2006). *Die Frügeschichte der Säge-mühlen (1200–1600) als Folge der Mühlendiversifikation.* Remagen: Verlag Dr. Norbert Kessel.

Gall, Beate, Schmidt, Rolf, & Bauriegel, Albrecht (2003). *Steckbriefe Brandenburger Böden.* Ministerium für Landwirtschaft, Umweltschutz und Raumordnung des Landes Brandenburg, Potsdam.

Gayer, Karl (1863). *Die Forstbenutzung.* Aschaffenburg: Carl Krebs.

Gilly, David (1798). *Handbuch der Landbaukunst.* Berlin: o.A.

Glinski, Willi, & Hansen, Peter (1996). *Grundwissen Holztechnik.* Hamburg: Verlag Handwerk und Technik G.m.b.H.

Goerig, Michael (2010). *Historische Schlösser Schlüssel Beschläge von A bis Z.* (M. Goerig, Hrsg.) Berlin: Tastomat Druck GmbH.

Graf, Gerhard (2004). Mittelalterliche Türbeschläge im Delitzscher Raum. In *Heimatkalender 2005* (S. 29–37). Bad Düben.

Graf, Gerhard (2008). Vom Detail zum Ganzen: Zur Ausstattung romanischer Dorfkirchen in Nordwestsachsen. In *Ostsiedlung und Landausbau in Sachsen* (S. 448–464). Leipzig: Leipziger Universitätsverlag GmbH.

Graf, Gerhard (2016). Mittelalterliche Beschläge an Türen nordwestsächsischer Dorfkirchen. In *Denkmalpflege in Sachsen* (S. 22–35). Dresden: Sandstein Verlag.

Greber, Josef M. (1956). *Die Geschichte des Hobels.* Zürich: VSSM-Verlag Zürich.

Hamann, Richard (1926). *Die Holztür der Pfarrkirche zu St. Maria im Kapitol.* Marburg: Verlag des kunstgeschichtlichen Seminars der Universität Marburg.

Hansjohsten, Ralf (2002). *700 Jahre Schreinerinnumg Trier-Saarburg.* Trier: Kilomedia Verlag.

Hartmann, Carl (1839). *Encyclopädisches Wörterbuch der Technologie* (Bd. 2). Augsburg: v. Jenisch- und Stage'sche Buchhandlung.

Hellwag, Fritz (1924). *Die Geschichte des deutschen Tischlerhandwerks.* Berlin: Verlagsanstalt des deutschen Holzarbeiterverbandes.

Herzberg, Heinrich, & Rieseberg, Hans Joachim (1986). *Mühlen und Müller in Berlin.* Berlin: Verlag für Bauwesen.

Institut für Denkmalpflege. (1987). *Die Bau- und Kunstdenkmale in der DDR.* Berlin: Henschelverlag.

Jester, Ernst Friedrich (1816). *Anleitung zur Kenntniß und zweckmäßigen Zugutemachung der Nutzhölzer* (Bd. 2). Königsberg: August Wilhelm Unzer.

Jeute, Gerson (2006). Kontinuität un Diskontinuität im archäologischen Befund. In D. d. e. V. (Hrsg.), *Kontinuität und Diskontinuität in der brandenburgischen Wirtschaft* (Bd. 17, S. 86–93). Padderborn.

Landesbetrieb des Landes Brandenburg im Geschäftsbereich des Ministeriums des Innern und für Kommunales Brandenburg. (2005). *https://www.geobasis-bb.de.* Abgerufen am 22.01.2018 von https://www.geobasis-bb.de: https://www.geobasis-bb.de/geodaten/lbgr/pdf/1-2_05_Ludwig_119-128.pdf

Niemz, Peter, & Sonderegger, Walter-Ulrich (2017). *Holzphysik: Physik des Holzes und der Holzwerkstoffe.* Leipzig: Fachbuchverlag Leipzig im Carl Hanser Verlag.

o.V. (1939). *Stilgeschichte des deutschen Tischlermeisters.* (D. d. Tischlermeister, Hrsg.) Berlin: Stephan Schmitz Verlag.

Pazaurek, Gustav (1923). *Möbelbeschläge aus Bronze und Messing.* stuttgart: Verlag von Julius Hoffmann.

Reber, Peter (1831). *Handbuch des Waldbaues und der Waldbenutzung.* München: Lindauer'sche Buchhandlung.

Schmitz, Wilhelm (1905). *Die Mittelalterlichen Metall- und Holztüren Deutschlands – Ihre Bildwerke und ihre Technik.* Trier: Verlag der Kunst- und Verlagsanstalt Schaar & Dathe.

Schreber, Gottfried Daniel (1769). *Schauplatz der Künste und Handwerke – Die Schlösserkunst* (Bd. 9). Leipzig/Königsberg: o.A.

Schulmeyer, Christel (1995). *Mittelalterliche Türbeschläge.* Köln.

Schumann, Dirk (2017). Die mittelalterliche Baugeschichte der Bernauer Marienkirche. In H. Kühne, & C. Rückert, *Die Stadt in der Kirche – Die Marienkirche in Bernau und Ihre Ausstattung* (S. 50–77). Berlin: Lukas Verlag für Kunst- und Geistesgeschichte.

Schwappach, Adam (1886). *Handbuch der Forst- und Jagdgeschichte Deutschlands* (Bd. 1). Berlin: Verlag von Julius Springer.

Spannagel, Fritz (1939). *Der Möbelbau.* Ravensburg: Otto Maier Verlag.

Spannagel, Fritz (1950). Die Bauschreinerei. In F. Spannagel, *Türen und Tore, Bd. 1.* Ravensburg: Otto Maier Verlag.

Stadt Nürnberg – Stadtbibliothek im Bildungscampus Nürnberg. (25.04.2018). *http://www.nuernberger-hausbuecher.de*. Abgerufen am 25.04.2018 von http://www.nuernberger-hausbuecher.de: http://www.nuernberger-hausbuecher.de/75-Amb-2-317-21-r

Stewart, Hilary (1995). *Cedar: Tree of life of tht Northwestcoast Indians*. Vancouver: Douglas & McIntyre Ltd.

Theune, Claudia (2008). Mittelalterliche Zentralorte und deren Peripherie im Land Brandenburg. In L. Polacek (Hrsg.), *Das wirtschaftliche Hinterland der frühmittelalterlichen Zentren* (S. 15–25). Brno: Archäologisches Institut der Akademie der Wissenschaften der Tschechischen Republik.

Uhlhorn, W. (02.09.2018). *https://www.nikolai-online.de/Umbau.html*.

Volkmann, Armin (2012). *Eisenproduktionswerkplätze der späten römischen Kaiserzeit (3.–5. Jh. AD) im inneren Barbaricum*. o.A. Abgerufen am 20.1.2018 von urn:nbn:de:bvb:20-opus-74420

von Burgsdorf, Friedrich August Ludwig (1800). *Forsthandbuch Zweyter Theil*. Berlin: Paulische Buchhandlung.

von Falke, Otto (1924). *Deutsche Möbel des Mittelalters und der Renaissance*. Stuttgart: Verlag von Julius Hoffmann.

von Stülpnagel, Karl Heinrich (2000). *Die gotischen Truhen der Lüneburger Heideklöster. Entstehung – Konstruktion – Gestaltung*. Cloppenburg: Museumsdorf Cloppenburg-Niedersächsisches Freilichtmuseum.

Walde, Hermann Chr. (1907). *Der Praktische Tischler*. Leipzig: Verlag von J.J.Arnd.

Weissenberger, Ulf (2011). *Eiserne Schönheiten: Schloss und Schlüssel*. Regenstauf: Battenberg Verlag.

Wickop, Walther (1949). *Fenster, Türen, Tore aus Holz und Eisen*. Berlin: Walter de Gruyter & Co.

Wipprecht, Ernst (1999). Entstehung und Entwicklung der brandenburgischen Städte. (B.A. Denkmalpflege, Hrsg.) *Brandenburgische Denkmalpflege*, S. 5–14.

Zietz, Gerhard (1963). *Lehrbuch für Bautischler*. Leipzig: VEB Fachbuchverlag Leipzig.

Abbildungsverzeichnis

Alle Abbildungen aus dem Archiv des Autors.

Abb. 3   entn. bei: (Glinski & Hansen, 1996), S. 20.

Abb. 4   entn. bei: (Glinski & Hansen, 1996), S. 22.

Abb. 8   entn. bei: (Stewart, 1995), S. 41.

Abb. 9   entn. bei: (Danhelovsky, 1873), S. 152/Bild VI.

Abb. 10   entn. bei: (Da http://www.deutschefotothek.de/documents/obj/71649487 nhelovsky, 1873), S. 152/Bild VII.

Abb. 12   (entn. am: 23. 4. 2018), bei: http://www.deutschefotothek.de/documents/obj/71649487

Abb. 14   (entnommen am: 26. 4. 2018), bei: http://www.deutschefotothek.de/documents/obj/70021134

Abb. 16   entn. bei: (Albrecht, 1997), S. 118.

Abb. 24   Videostandbild (entn. am: 3. 5. 2018, 10 Min., 37 Sek.) bei: https://www.youtube.com watch?v=zleU86ndljg

Abb. 28   entn. bei: (Blunck, 1931), S. 10.

Abb. 29   entn. bei: (Blunck, 1931), S. 10.

Abb. 30   entn. bei: (Böhm, 1911), S. 33.

Abb. 36   entn. bei: (Blunck, 1931), S. 13.

Abb. 37   entn. bei: (Bücheler, 1938), S. 271.

Abb. 45   entn. bei: (Weissenberger, 2011), S. 53.

Abkürzungsverzeichnis

A.	Anfang
ca.	circa
E.	Ende
ebd.	ebenda
EKBO	Evangelische Kirche Berlin-Brandenburg-schlesische Oberlausitz
ehem.	ehemals
entn.	entnommen
etc.	et cetera
evtl.	eventuell
Fig.	Figur
GF	Gangflügel
H.	Hälfte
Jh.	Jahrhundert
Kap.	Kapitel
Kat.	Katalognummer
M.	Mitte
mglw.	möglicherweise
Min.	Minute
o. A.	ohne Angabe
o. V.	ohne Verfasser
Sek.	Sekunde
SF	Standflügel
tlw.	teilweise
UKTB	Unterkante Türblatt
urspr.	ursprünglich
V.	Viertel
vgl.	vergleiche
vmtl.	vermutlich
z. T.	zum Teil
zw.	zwischen

Katalog

Inhaltsverzeichnis Katalog

Dorfkirche Berlin-Hohenschönhausen

Hauptstraße 43
13055 Berlin
Katalognummer: 1

Außenansicht

Innenansicht

Priesterportal Südfassade

Das stichbogenartig gearbeitete, flächenbündig gegratete Türblatt mit Holznagelsicherung besteht aus gespaltenem und mit dem Beil bearbeitetem Laubholz. Es sind drei Dollen in der mit Wechselfalz gefügten Tür erkennbar. Sie ist heute nach außen aufgehend angeschlagen. Ursprünglich war sie einwärts öffnend montiert. Die Kloben sind innen noch vorhanden. Die Bänder wurden der Länge nach verschweißt und die Flächenbeschläge stumpf angesetzt. Beachtenswert sind die Flächenbeschläge in einzigartig vorgefundener Ausführung in Lilienblattgestaltung mit mehreren Verlusten. Wiederkehrende Ornamente scheinen ungeordnet aufgesetzt worden zu sein. Es ist ein großes Schlüsselloch vorhanden, das die typische, wappenartige Gestaltung zeigt. Ein weiteres großes Schlüsselloch in etwa 4 Zentimeter Entfernung.

82

Datierung

... zur Kirche

Saalbau: 13.–15. Jahrhundert

Sakristei: 15. Jahrhundert

Ersterwähnung Ort: 1284

... zur Tür

Schlüsselschild: 13.–17. Jh. (vgl. Graf, 2016, S. 24, Abb. 4;
vgl. auch Goerig, 2010, S. 163, 208; vgl. auch Schmitz,
1905, Blatt 32)

Ziehring: 13.–15. Jh. (vgl. Schmitz, 1905, Blatt 32, 41, 46)

Bänder: 13.–15. Jh. (vgl. von Falke, 1924, S. 25, 85;
vgl. auch Albrecht, 1997, S. 20; vgl. auch Schmitz, 1905,
Blatt 20, 36, 37, 46)

Flächenbeschläge: 13.–15. Jh. (vgl. von Falke, 1924, S. 25, 85;
vgl. auch Albrecht, 1997, S. 20;
vgl. auch Schmitz, 1905, Blatt 19, 20, 36, 37, 46)

Türblatt

Drehrichtung: links

Breite: 94 cm

Höhe Türblatt-Bandseite: 192 cm

Höhe Türblatt-Mitte: 198 cm

Stärke: 5 cm

Beschläge

Bänder

Bänderart: Langband

Unterkante Türblatt–Drehpunkt unten: 32 cm

Drehpunkt unten–Drehpunkt oben: 130,5 cm

Durchmesser Kloben: 3,5 cm

Schloss

Material: ehemals Balkenschloss

Unterkante Türblatt–Mitte Schlüsseldorn: 76 cm,
heutiger Verschluss mit zwei neuzeitlichen Schubriegeln

Nägel

Es lassen sich unterschiedliche Nagelkopfformen, mit zum Teil
würfelartigen Kopfformen und einer Kantenlänge von ca. 1 cm
(vgl. Kat. 25) an den Beschlägen finden.

Sonstiges

Sichtfassung

Holz: grau-gründlich

Bänder: schwarz

Flächenbeschläge: schwarz

Literatur

Albrecht, Thorsten, 1997

Dehio, Georg, 1995

Goerig, Michael, 2010

Graf, Gerhard, 2016

Institut für Denkmalpflege, 1987

Schmitz, Wilhelm, 1905

von Falke, Otto, 1924

*Wappenartiges Schlüsselschild mit großem Schlüsselloch,
S. 53 f.*

Schlichtes, massives Stegblech als Angriffsschutz, S. 54 f.

Stadtkirche St. Marien Bernau

Kirchgasse 8
16321 Bernau
Katalognummer: 2

Außenansicht

Innenansicht

Sakristeiportal Nordfassade

Das dreibohlige, gegratete Türblatt mit mittlerer, überhöht ausgeführter Bohle wurde aus Laubholz hergestellt. Es weist zahlreiche Bearbeitungsspuren in verschiedenen Qualitäten von unterschiedlichen Arbeitsgängen, wie Spalten, Sägen, Bebeilen auf. Die untere und mittlere Gratleiste ist mit dem Türblatt vernagelt, die obere nicht. Darüber hinaus wurde es mit einem Ziehmesser bearbeitet. Die Bänder wurden mehrteilig hergestellt und erst im Anschluss zu einem Band verschweißt. Ein

Fallenschloss und ein schweres, eisernes Kastenschloss sind am Türblatt vorhanden. Beachtenswert sind die Flächenbeschläge. Die zwei tragenden Gabelbänder und ein schmückendes Band sind mit Eichenblatt-, und Eichelverzweigung verziert. Ein Scheitelstein liegt über der mittigen Bohle der Tür und soll ein Aushebeln in verschlossenem Zustand verhindern (vielfach in St. Gotthardt zu Brandenburg a.d.H.).

Datierung

... zur Kirche

Saalbau: 2.Viertel 13. Jahrhundert

Turm: 1846

Sakristei: Anfang 15. Jahrhundert

Ersterwähnung Ort: um 1230

... zur Tür

Schloss: 16.–18. Jh. (Hauptschloss (unten) 16.–17. Jh., vgl. Goerig, 2010, S. 246; Fallenschloss (oben) 18. Jh., vgl. ebd. S. 250)

Schlüsselschild: 15.–18. Jh. (Schlüsselschild rechteckig: vmtl. 15. Jh.; Schlüsselschild unter Türklinke: vmtl. 18. Jh., vgl. Goerig, 2010, S. 356)

Ziehring: 15. Jh. (vgl. Goerig, 2010, S. 161; vgl. auch Schmitz, 1905, S. 25, Blatt 40; vgl. auch von Falke, 1924, S. 102 ff.)

Bänder: 15. Jh. (vgl. Schmitz, 1905, Blatt 31, 32, 35, 38; vgl. auch von Falke, 1924, S. 36, hier jedoch als Schnitzerei Laub/Eichel)

Flächenbeschläge: 14.–15. Jh. (vgl. Schmitz, 1905, Blatt 31, 32, 35, 38; vgl. auch von Falke, 1924, S. 36, hier jedoch als Schnitzerei Laub/Eichel)

Türblatt

Drehrichtung: rechts

Breite: 105 cm

Höhe Türblatt-Bandseite: 215 cm

Höhe Türblatt-Mitte: 225,5 cm

Stärke: 5 cm

Beschläge

Bänder

Bänderart: Gabelband

Unterkante Türblatt–Drehpunkt unten: 27,5 cm

Drehpunkt unten–Drehpunkt oben: 158 cm

Durchmesser Kloben: 3,5 cm

Schloss/groß

Material: Eisen

Breite: 40 cm

Höhe: 27 cm

Tiefe: 9 cm

Unterkante Türblatt–Mitte Schlüsseldorn: 104 cm, vormals vmtl. Balkenschloss (Unterkante Türblatt–Mitte Schlüsseldorn war 96 cm)

Nägel

Mit flachen, großköpfigen Nägeln sind sowohl die Beschläge, als auch die Gratleisten vernagelt.

Sonstiges

Sichtfassung

Holz: ocker

Bänder: gräulich/schwarz

Schloss: gräulich/schwarz

Flächenbeschläge: gräulich/schwarz

Literatur

Dehio, Georg, 2000

Goerig, Michael, 2010

Schmitz, Wilhelm, 1905

von Falke, Otto, 1924

Herausragende Bohle mit Scheitelstein, S. 48 f.

Napfschloss unten und Fallenschloss oben

Stadtkirche St. Gotthardt/Brandenburg a.d.H.

Gotthardtkirchplatz 8
14770 Brandenburg an der Havel
Katalognummer: 3

Außenansicht

Innenansicht

Turmportal Südfassade

Das fünfbohlige, gegratete, im oberen Bereich unregelmäßig ausgeformte Türblatt wurde aus gespaltenem, bebeilten und mit Ziehmesser bearbeitetem Eichenholz hergestellt. Die sauber und dachförmig gearbeiteten Gratleisten bestehen aus einem anderen Laubholz, möglicherweise Weißbuche oder Ahorn. Die kegelförmig gearbeitete Nut der Spundung deutet darauf hin, dass ein Nuteisen zur Herstellung verwendet wurde (S. 37 ff.). Im mittleren Bereich der Tür befindet sich ein türblattüberspannendes, von Eisengurten begrenztes Eisenblech. Als Einmaligkeit im Untersuchungsraum wurden innenliegende Bänder, ähnlich einer Fitsche verwendet (S. 46 f.). Die Ochsenhornendungen an den Eisengurten sind filigran gearbeitet. An der Oberkante des Türblattes sind zwei eiserne, vermutlich als Aushebelsicherung (S. 48 f.) angebrachte Beschlagteile montiert (Konstruktionsform: ähnlich einem Gabelband, S. 45 f.).

Datierung

... zur Kirche
Saalbau um 1150 bis 2. Hälfte 15. Jh.
Turm: um 1150
Sakristei: 2. Hälfte 15. Jh.
Ersterwähnung Ort: 928

... zur Tür
Bänder: 12. Jh. (vgl. Bandformen in Bartholomäuskapelle/
    Paderborn in: Schmitz, 1905, S. 17)
Flächenbeschläge: 12.–13. Jh. (vgl. Schulmeyer, 1995, S. 144 f.;
    vgl. auch Schmitz, 1905, Blatt 16 f., 19)

Türblatt
Drehrichtung: links
Breite: 126 cm
Höhe Türblatt-Bandseite: 167 cm
Höhe Türblatt-Mitte: 194 cm
Stärke: 5 cm

Beschläge

Bänder
Bänderart: innenliegend
Unterkante Türblatt–Drehpunkt unten: 37 cm
Drehpunkt unten–Drehpunkt oben: 87 cm
Durchmesser Kloben: 2,5 cm

Nägel
Linsenartig ausgeformte Nagelköpfe dienen in gleichmäßiger
Nagelung der Befestigung der Beschläge.

Sonstiges

Sichtfassung
Holz: materialsichtig
Bänder: materialsichtig
Flächenbeschläge: materialsichtig

Literatur
Dehio, Georg, 2000
Schmitz, Wilhelm, 1905
Schulmeyer, Christel, 1995

Ratterspuren und Arbeitsspuren eines Ziehmessers (S. 30 f.)

Marke vom Anreißen zur Herstellung der Gratnut

Stadtkirche St. Gotthardt/Brandenburg a.d.H.

Gotthardtkirchplatz 8
14770 Brandenburg an der Havel
Katalognummer: 4

Außenansicht

Innenansicht

Turmportal Nordfassade

Das vierbohlige, gegratete Türblatt folgt im oberen Bereich der Form des Gewölbes und wurde mit zwei türblattüberspannenden, ungestalteten Eisengurten zusammengefügt. Es wurde aus gespaltenem, bebeilten und mit einem Ziehmesser bearbeitetem Laubholz hergestellt. Die Nut der Spundung ist kegelförmig gearbeitet und deutet somit auf die Verwendung eines Nuteisens hin (S. 37 ff.). Das Schlüsselschild ist aufwändig als langhalsiger Vogel mit langem Körper auf kleinen Füßchen gestaltet. Der Ziehring ist in diese Gestaltung mit eingebunden (vgl. S. 55 f.). Mittig befindet sich ein auffallendes Kreuzornament (vgl. Kat. 30). Beachtenswert ist der obere Drehbeschlag als innenliegendes Band (S. 46 f.), sowie die filigran ausgearbeiteten Ochsenhornendungen am Vogelornament.

Datierung

... zur Kirche

Saalbau um 1150 bis 2. Hälfte 15. Jh.

Turm: um 1150

Sakristei: 2. Hälfte 15.Jh.

Ersterwähnung Ort: 928

... zur Tür

Schlüsselschild: 12.–13. Jh. (vgl. Albrecht, 1997, S. 29, Abb. 31; vgl. auch Graf, 2016, S. 22 ff.; vgl. auch Schmitz, 1905, Blatt 21)

Ziehring: 12.–13. Jh., da er in die Schlüsselschildgestaltung integriert ist

Bänder: 12. Jh. (vgl. Bandformen in Bartholomäuskapelle/Paderborn in: Schmitz, 1905, S. 17)

Flächenbeschläge: 13.–15. Jh. (vgl. Schmitz, 1905, Blatt 19, 46; vgl. auch von Falke, 1924, S. 26; vgl. auch Kat. 30)

Türblatt

Drehrichtung: rechts

Breite: 120 cm

Höhe Türblatt-Bandseite: 150 cm

Höhe Türblatt-Mitte: 190 cm

Stärke: 4,5 cm

Beschläge

Bänder

Bänderart: Langband / erneuert

Unterkante Türblatt–Drehpunkt unten: 23 cm

Drehpunkt unten–Drehpunkt oben: 109,5 cm

Durchmesser Kloben: 2,5 cm

Schloss

Verriegelung über Verschlusshaken, vormals Balkenschloss (Unterkante Türblatt–Mitte Schlüsseldorn war 110 cm)

Nägel

Die Nägel zeigen größtenteils eine flache, kleinköpfige, z. T. linsenförmige Kopfform in einheitlicher Ausführung.

Sichtfassung

Holz: materialsichtig

Bänder: materialsichtig

Flächenbeschläge: materialsichtig

Literatur

Albrecht, Thorsten, 1997

Dehio, Georg, 2000

Graf, Gerhard, 2016

Schmitz, Wilhelm, 1905

von Falke, Otto, 1924

Aufwändig gestaltetes Schlüsselschild als langgestreckter Vogel und Kreuzornament

Marke vom ehemaligen Balkenschloss und Riegelöse

Außenansicht

Innenansicht

Priesterportal Südfassade

Das dreibohlige Türblatt, mit schräg verlaufenden, sauber und schwach dachförmig – vermutlich aus Eschenholz – gefertigten Gratleisten, ist aus gespaltenem, bebeilten und mit einem Ziehmesser bearbeitetem Laubholz hergestellt. Es sind grobe Bearbeitungsspuren einer ungespannten Säge, sowie Spuren durch die Bearbeitung mit dem Beil erkennbar. Auf den zum Teil sauber geputzten Oberflächen sind deutlich Scharten erkennbar.

Zentral auf der Türfläche ist eine auffällige, mit Holz verschlossene und mit Bandeisen übernagelte Öffnung in der mittleren Bohle flächenbündig zugesetzt worden. Die, ab der Bandrolle, der Länge nach verschweißten ziselierten Langbänder wurden sauber eingelassen und mit den aufgesetzten C-Ornamenten am Türblatt befestigt.

Datierung
... zur Kirche
Saalbau: 1. Hälfte 14. Jh.
Turm: 18. Jh.
Ersterwähnung Ort: 1383
... zur Tür
Schloss: 19. Jh. (vgl. Goerig, 2010, S. 149, Abb. L123)
Schlüsselschild: 19. Jh. (vgl. Goerig, 2010, S. 149,
   Abb. L123)
Schlüssel: 18.–19. Jh. (vgl. Goerig, 2010, S. 343,
   Abb. SW318)
Ziehring: 13.–15. Jh. (vgl. Schmitz, 1905, Blatt 32, 41, 46)
Bänder: 13.–14. Jh. (vgl. Graf, 2016, S. 24ff.; vgl. auch Agthe,
   2017, S. 318, Abb. 669, ähnl. Beschläge auf Truhe)
Flächenbeschläge: 13.–14.Jh. (vgl. Graf, 2016, S. 24 ff.;
   vgl. auch Agthe, 2017, S. 318, Abb. 669, ähnl. Beschläge
   auf Truhe)

Türblatt
Drehrichtung: rechts
Breite: 118/125 cm
Höhe Türblatt-Bandseite: 200 cm
Höhe Türblatt-Mitte: 200 cm
Stärke: 5,5 cm

Beschläge
Bänder
Bänderart: Langband
Unterkante Türblatt–Drehpunkt unten: 16 cm
Drehpunkt unten–Drehpunkt oben: 122 cm
Durchmesser Kloben: 3 cm

Schloss
Material: Metall
Breite:21,5 cm
Höhe: 2 cm
Tiefe: 4 cm
Unterkante Türblatt–Mitte Schlüsseldorn: 83 cm,
vormals vmtl. Balkenschloss (Unterkante Türblatt–
Mitte Schlüsseldorn war 89 cm)

Nägel
Auf dem Türblatt finden sich viele Nagelkopfformen in
klein-, großköpfiger und auch in dachförmiger Ausführung.
Die Bänder sind im Randbereich mit einer Krampe
befestigt worden (vgl. S. 61, Anm. 421).

Sonstiges
Sichtfassung
Holz: materialsichtig
Bänder: schwarz
Schloss: schwarz
Flächenbeschläge: schwarz

Literatur
Agthe, Markus, 2017
Graf, Gerhard, 2016
Goerig, Michael, 2010
Schmitz, Wilhelm, 1905

Werkzeugspuren einer ungespannten Säge (vgl. S. 25 f.)

Flächenbündig eingelassenes Gurtband mit aufgenagelten Schmiedeornamenten

Dorfkirche Buchhain

Genossenschaftsstraße 15
03253 Doberlug-Kirchhain OT Buchhain
Katalognummer: 6

Außenansicht

Innenansicht

Gemeindeportal Südfassade

Das stichbogige Türblatt besteht aus drei Nadelholzbohlen mit Wechselfalzfuge und flächenbündigen Gratleisten. Es sind grobe Bearbeitungsspuren der Säge und saubere der Axt zu finden. Eine Abbruchfläche vom Holzeinschnitt ist außenseitig gut erkennbar (vgl. S. 115, Abb. rechts). Innen und außen, über dem mittleren Türblattbereich in Höhe des Sperrbalkens, befindet sich ein Abdeckblech, das zur Stabilisierung dienen kann. Der

Sperrbalken selbst ist mit einer abgesetzten Fase gestaltet. Auf der äußeren Fläche lassen sich starke Abwitterungen der Holzmasse von bis zu einem Zentimeter Tiefe feststellen. Zwei geschmiedete Langbänder und drei weitere Gurtbänder sind mit untergeschobenen C-förmigen Flächenbeschlägen mit schlangenkopfartigen Endungen auf das Türblatt genagelt.

Datierung

... zur Kirche
Saalbau: um 1300
Turm: spätgotisch
Ersterwähnung Ort: 1329

... zur Tür
Bänder: 14. Jh. (vgl. Agthe, 2017, S. 318, Abb. 669,
ähnliche Beschläge auf Truhe in Steinsdorf)
Flächenbeschläge: 14. Jh. (vgl. Agthe, 2017, S. 318, Abb. 669,
ähnliche Beschläge auf Truhe in Steinsdorf; vgl. auch
Kat. 7, 37)

Türblatt
Drehrichtung: rechts
Breite: 116 cm
Höhe Türblatt-Bandseite: 203 cm
Höhe Türblatt-Mitte: 209 cm
Stärke: 6,5 cm

Beschläge

Bänder
Bänderart: Langband
Unterkante Türblatt–Drehpunkt unten: 36 cm
Drehpunkt unten–Drehpunkt oben: 167,5 cm
Durchmesser Kloben: 3,2 cm

Schloss
Als Verschluss dient ein Sperrbalken mit geschmiedetem
Überwurf. Der Einlaufschacht für den Sperrbalken ist mit
Eichenholz ausgekeidet (vgl. Kat. 8, S. 97, Abb. unten links).

Nägel
Als Nägel wurden flach-kleinköpfige und dachförmig
gearbeitete Kopfformen verwendet.

Sonstiges
Sichtfassung
Holz: grau/darunter liegend beige
Bänder: grau
Schloss: grau
Flächenbeschläge: grau

Literatur
Agthe, Markus, 2017

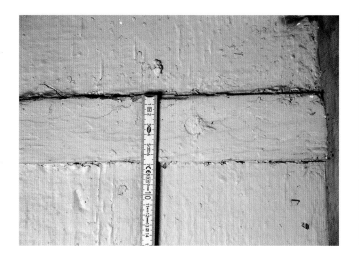

*Flächenbündige, mit Holznagel vernagelte Gratleiste
(S. 36, Anm. 206)*

*Mit Holz ausgeschlagener Einlaufschacht, mit abgefastem
Sperrbalken (S. 47 f.)*

Dorfkirche Buchhain

Genossenschaftsstraße 15
03253 Doberlug-Kirchhain OT Buchhain
Katalognummer: 7

Außenansicht

Innenansicht

Priesterportal Südfassade

Das stichbogig gearbeitete Türblatt besteht aus zwei Nadelholzbohlen mit Wechselfalzfuge. Es wird durch zwei flächenbündig eingearbeitete Gratleisten zusammengehalten, zeigt saubere Bearbeitungsspuren der Axt und grobe der Säge. Abbruchflächen sind innen und außen gut zu erkennen (vgl. S. 115, Abb. rechts). Zwei grob geschmiedete Langbänder, wovon das untere bereits erneu-

ert zu sein scheint, und drei weitere Gurtbänder unterstützen die Konstruktion. Untergeschobene C-förmige Flächenbeschläge mit schlangenkopfartigen Endungen gestalten die Fläche des Türblattes. Im Schlossbereich wurde eine Fehlstelle ausgesetzt. An dieser Stelle war vermutlich ein Balkenschloss montiert. Das Schlüsselloch liegt teilverdeckt unter einem Abdeckblech.

Datierung

... zur Kirche
Saalbau: um 1300
Turm: spätgotisch
Ersterwähnung Ort: 1329

... zur Tür
Schloss: 17.–18. Jh. (vgl. Weisenberger, 2011, S. 169)
Schlüsselschild: 18. Jh. (vgl. Goerig, 2010, S. 358;
vgl. auch Pazaurek, 1923, hier Formensprache 1. H. 18. Jh.)
Schlüssel: 17.–18. Jh. (vgl. Goerig, 2010, S. 326;
vgl. auch Weissenberger, 2011, S. 163)
Bänder: 13.–14. Jh. (vgl. Agthe, 2017, S. 318, Abb. 669,
ähnliche Beschläge auf Truhe in Steinsdorf;
vgl. auch Kat. 6, 37)
Flächenbeschläge: 13.–14. Jh. (vgl. Agthe, 2017, S. 318,
Abb. 669, ähnliche Beschläge auf Truhe in Steinsdorf;
vgl. auch Kat. 7, 37)

Türblatt
Drehrichtung: rechts
Breite: 98 cm
Höhe Türblatt-Bandseite: 217,5 cm
Höhe Türblatt-Mitte: 227,5 cm
Stärke: 6,5 cm

Beschläge
Bänder
Bänderart: Langband

Unterkante Türblatt–Drehpunkt unten: 32 cm
Drehpunkt unten–Drehpunkt oben: 160,5 cm
Durchmesser Kloben: 3,2 cm

Schloss
Material: Metall
Breite: 36 cm
Höhe: 20,5 cm
Tiefe: 4,5 cm
Unterkante Türblatt–Mitte Schlüsseldorn: 94 cm, vormals
vmtl. Balkenschloss (Unterkante Türblatt–Mitte Schlüsseldorn
war 92 cm)

Nägel
Kleinköpfige und dachförmig gearbeitete Nägel wurden
zur Befestigung der Beschläge verwendet.

Sonstiges
Sichtfassung
Holz: grau / darunterliegend beige
Bänder: grau
Schloss: grau
Flächenbeschläge: grau

Literatur
Agthe, Markus, 2017
Goerig, Michael, 2010
Pazaurek, Gustav, 1923
Weissenberger, Ulf, 2011

Aufwändig gearbeitetes Schloss auf Aussetzung des ehemaligen Balkenschlosses

Aussetzung des Schlüsselloches des ehemaligen Balkenschlosses (links); Schlüsselschild vom vorhandenen Schloss (rechts)

Dorfkirche Dollenchen

Außenansicht

Innenansicht

Gemeindeportal Nordfassade

Das flächenbündig gegratete Türblatt besteht aus drei stumpf mit Nut- Feder gefügten, wiederverwendeten Bohlen aus Laubholz mit gut erkennbaren Spuren vom Spalten der Hölzer. Die Schwalbenschwanzbänder wurden flächenbündig eingelassen (vgl. auch Kat. 24, 45, 46, S. 44 f., Anm. 288 f.). In einem holzverkleideten Einlaufschacht kann der massive Sperrbalken in voller Tiefe eingelegt werden. Fünf, über die gesamte Türblattfläche angeordnete, Eisengurte stabilisieren die Konstruktion. Darunter verlaufen, filigran gearbeitete, einteilige C-förmige Ornamente mit Schlangenkopfendungen.

In der Kirche befindet sich eine Einbaumtruhe, die durch drei innenliegende Balkenschlösser verschlossen werden konnte. Als Schlüsselschilder sind wappenartig gearbeitete Eisenbleche mit großen Schlüssellöchern montiert.

Datierung
...zur Kirche
Saalbau: Ende 13. Jh.
Turm: Ende 13. Jh.
Ersterwähnung Ort: 1360
...zur Tür
Schloss: 19. Jh. (vgl. Goerig, 2010, S. 149)
Schlüsselschild: 19. Jh. (vgl. Goerig, 2010, S. 255)
Bänder: 14. Jh. (vgl. Anm. 289)
Flächenbeschläge: 13.–14. Jh. (vgl. Kat. 19)

Türblatt
Drehrichtung: links
Breite: 129 cm
Höhe Türblatt-Bandseite: 225 cm
Höhe Türblatt-Mitte: 236 cm
Stärke: 6 cm

Beschläge
Bänder
Bänderart: Schwalbenschwanzbänder (vgl. auch Kat. 24, 45, 46, S. 44 f., Anm. 288 f.)
Unterkante Türblatt–Drehpunkt unten: 22 cm
Drehpunkt unten–Drehpunkt oben: 193,5 cm
Durchmesser Kloben: 4 cm

Schloss
Material: Metall
Breite: 14 cm
Höhe: 13 cm
Tiefe: 2,5 cm
Unterkante Türblatt–Mitte Schlüsseldorn: 109 cm

Nägel
An diesem Türblatt fanden kleinköpfige und großköpfige Nägel Verwendung.

Sonstiges
Sichtfassung
Holz: innen holzsichtig, außen lasierend gräulich, der Sperrbalken ist materialsichtig
Bänder: grau
Schloss: grau
Flächenbeschläge: grau

Literatur
Agthe, Markus, 2017
Goerig, Michael, 2010

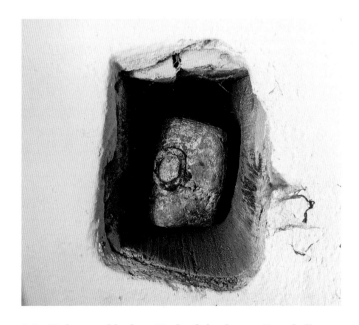

Mit Holz ausgekleideter Einlaufschacht mit Sperrbalken (vgl. Kat. 6, S. 93 Abb. rechts)

Schwalbenschwanzband mit flachköpfigen, massiven, z. T. vernieteten, Nägeln (vgl. S. 46, Anm. 305, 308, 421)

Dorfkirche Drahnsdorf

Dorfstraße 12
15938 Drahnsdorf
Katalognummer: 9

Außenansicht

Innenansicht

Priesterportal Südfassade

Das Türblatt besteht aus zwei gespaltenen Laubholzbohlen mit stumpfer Fuge und heute außen, frei sichtbarer Dollenverbindung (S. 35, Anm. 197). Über die gesamte Breite des Türblattes wurde eine vernagelte Querleiste eingelassen. Zum Überdecken der Bohlenfugen sind innen vertikal angeordnete Leisten montiert. Die Außenfläche zeigt eine starke Verwitterung. Unter dem vorhandenen Schlüsselschild ist deutlich weniger Holzmasse abgewittert, als in den angrenzenden Bereichen.

Dadurch tritt die Form des vormaligen Schlüsselschildes deutlich hervor. (vgl. Kat. 1, 19, 28, S. 53). Das ehemalige Schlüsselloch ist heute teilverdeckt. Die Schmiedearbeit ist mit auf- bzw. abstrebenden Ornamenten gestaltet. Im mittleren Teil des Türblattes ist eine, mit davonstrebenden Lilienornamenten, gestaltete Zone zu finden. Ein sauber gearbeiteter tordierter Ziehring in einfacher Öse auf blütenartig gestalteter und gelochter Grundplatte dient als Handhabe (vgl. S. 56).

Datierung

... zur Kirche
Saalbau: 1. Hälfte 15. Jh.
Turm: 2. Hälfte 15. Jh.
Ersterwähnung Ort: 1321

... zur Tür
Schloss: 19. Jh. (vgl. Goerig, 2010, S. 149, Abb. L123)
Schlüsselschild: 19. Jh.
Ziehring: 13.–15. Jh. (vgl. Schmitz, 1905, Blatt 32, 41, 46)
Bänder: 15. Jh. (vgl. von Falke, 1924, S. 84 f.;
    vgl. auch Schmitz, 1905, Blatt 57)
Flächenbeschläge: 15. Jh. (vgl. von Falke, 1924, S. 84 f.;
    vgl. auch Schmitz, 1905, Blatt 57)

Türblatt
Drehrichtung: rechts
Breite: 122 cm
Höhe Türblatt-Bandseite: 202 cm
Höhe Türblatt-Mitte: 223 cm
Stärke: 6,8 cm

Beschläge
Bänder
Bänderart: Gabelband
Unterkante Türblatt–Drehpunkt unten: 40 cm
Drehpunkt unten–Drehpunkt oben: 142 cm
Durchmesser Kloben: 3 cm

Schloss
Material: Metall
Breite: 22 cm
Höhe: 18,5 cm
Tiefe: 5 cm
Unterkante Türblatt–Mitte Schlüsseldorn: 105 cm,
ehem. Balkenschloss (Unterkante Türblatt–Mitte Schlüsseldorn,
war 1030)

Nägel
Am Schließblech im Mauerwerksbalken wurden kleinköpfige
Nägel verwendet. Auf dem Türblatt lassen sich eine Vielzahl
von unterschiedlichen Kopfformen finden.

Sonstiges
Sichtfassung
Holz: innen beige, außen ohne
Bänder: grau
Schloss: materialseitig
Flächenbeschläge: grau

Literatur
Agthe, Markus, 2017
Goerig, Michael 2010
Schmitz, Wilhelm, 1905
von Falke, Otto, 1924

*Tordierter Ziehring auf blütenartiger Grundplatte
(vgl. S. 56)*

Offen liegende Dollenverbindung (vgl. S. 35, Abb. 28)

Dorfkirche Falkenhain

Außenansicht

Innenansicht

Portal Südfassade

Das Türblatt besteht aus drei gespaltenen und bebeilten Laubholzbohlen mit markanten Arbeitsspuren an wiederverwendeten Bohlen. In den Fälzen der schlosstragenden Bohle sind deutlich Spuren einer Bearbeitung mit einem Nuteisen erkennbar (S. 37 ff.). Die Fläche des Türblattes ist von außen weitestgehend geschlossen. Von innen zeigt sich eine planlose Fügeweise mit Fälzen und Nuten, was an der Wiederverwendung der Hölzer liegen wird. Bei der Gratung wurde auf die, beidseitig zur Mitte hin konisch gearbeiteten Gratleisten die mittlere Bohle aufgeschoben (rechts und links standen die Gratleisten dann etwa 25 Zentimeter heraus). Im Anschluss schob man die rechte und linke Bohle auf die herausstehende Gratleiste und sicherte nur die Randbohlen mit Eisennägeln gegen Herausrutschen. Das gut erhaltene Balkenschloss kann mit einem authentischen Hohldornschlüssel geschlossen werden. Als zusätzliche Verriegelung von innen ist eine Sperrbalkensicherung mit Einlaufschacht im Mauerwerk vorgesehen. Das Gabelband ist mit türblattumfassenden Eisenbändern und auf der Innenseite T-förmig gearbeitet.

Datierung

... zur Kirche

Saalbau: Ende 14. Jh.

Turm: nach Saal

Ersterwähnung Ort: 1354

... zur Tür

Schloss: 15.–16. Jh. (vgl. Goerig, 2010, S. 56, 172, 209, 230, 232; vgl. auch Weissenberger, 2011, S. 93, 142, 156)

Schlüsselschild: 15.–16. Jh. (vgl. Goerig, 2010, S. 230, Abb. SW7)

Schlüssel: 12.–15. Jh. (Schlüsselbart: vgl. Goerig, 2010, S. 324, Abb. SW253; Schlüsselreide: vgl. ebd. S. 319, Abb. SW231)

Ziehring: 15. Jh. (vgl. Schmitz, 1905, Blatt 66)

Bänder: 14.–15. Jh. (vgl. Entstehungszeitraum Saal und Ähnlichkeit Grundform und Qualität aus Kat. 18, 39)

Flächenbeschläge: 14.–15. Jh. (vgl. Entstehungszeitraum Saal und Ähnlichkeit Grundform und Qualität aus Kat. 18, 39)

Türblatt

Drehrichtung: rechts

Breite: 115 cm

Höhe Türblatt-Bandseite: 193 cm

Höhe Türblatt-Mitte: 215,5 cm

Stärke: 4–6 cm

Beschläge

Bänder

Bänderart: Gabelband

Unterkante Türblatt–Drehpunkt unten: 26 cm

Drehpunkt unten–Drehpunkt oben: 129,5 cm

Durchmesser Kloben: 3 cm

Schloss

Material: Holz

Breite: 16 cm

Höhe: 39 cm

Tiefe: 13,5 cm

Unterkante Türblatt–Mitte Schlüsseldorn: 72 cm

Nägel

Auf dem Türblatt, den Beschlägen und am Schloss lassen sich großköpfige, kleinköpfige, dachförmige Nagelkopfformen finden.

Sonstiges

Sichtfassung

Holz: innen bräunlich, außen abgewittert

Bänder: innen bräunlich, außen abgewittert

Schloss: innen bräunlich, außen abgewittert

Flächenbeschläge: vmtl. abgewittert

Literatur

Agthe, Markus, 2017

Goerig, Michael, 2010

Schmitz, Wilhelm, 1905

Weissenberger, Ulf, 2011

Werkzeugspuren im Streiflicht

Authentischer Hohldornschlüssel

Dorfkirche Finsterwalde-Süd

Pestalozzistraße 3
03238 Finsterwalde
Katalognummer: 11

Außenansicht

Innenansicht

Priesterportal Südfassade

Das dreibohlige Türbatt aus gespaltenem, bebeilten und mit einem Hobel bearbeitetem Nadelholz wurde zur Stabilisierung mit robust gearbeiteten, nachträglich montierten Querleisten vernagelt. Die Bänder sind mit Ochsenhornendungen gestaltet und im oberen Bereich nicht mehr vollständig. Mehrere eiserne Gurtbänder umspannen das Balkenschloss, wobei die Gurte mit einfa-

chen, randeinfassenden Punzierungen gestaltet sind. Am Riegel des Balkenschlosses ist eine Stempelmarke des Schmiedes erhalten. Es bestehen auffallende Qualitätsunterschiede zwischen der Bearbeitung der Bänder und der des Schlosses. Der Ziehring ist in einfacher Öse auf Grundplatte montiert.

102

Datierung
... zur Kirche
Saalbau: 2. Hälfte 13. Jh.
Ersterwähnung Ort: 1376
... zur Tür
Schlüsselschild: 19. Jh. (vgl. Goerig, 2010, S. 357,
   Abb. SW355)
Ziehring: 13.–15. Jh. (vgl. Schmitz, 1905, Blatt 32, 41, 46)

Türblatt
Drehrichtung: links
Breite: 102 cm
Höhe Türblatt-Bandseite: 179 cm
Höhe Türblatt-Mitte: 196 cm
Stärke: 5,5 cm

Beschläge
Bänder
Bänderart: Langband
Unterkante Türblatt–Drehpunkt unten: 29,5 cm
Drehpunkt unten–Drehpunkt oben: 118 cm
Durchmesser Kloben: 4 cm

Schloss
Material: Holz
Breite: 24 cm
Höhe: 36 cm
Tiefe: 11,5 cm
Unterkante Türblatt–Mitte Schlüsseldorn: 95 cm

Nägel
Die für die Schlossbefestigung verwendeten Nägel zeigen grob
gearbeitete Nagelkopfformen.

Sonstiges
Sichtfassung
Holz: gräulich
Bänder: gräulich, außen schwarz
Schloss: gräulich
Flächenbeschläge: gräulich

Literatur
Agthe, Markus, 2017
Goerig, Michael, 2010
Schmitz, Wilhelm, 1905

Punzierte Gurte am Balkenschloss

Einlauföse des Riegels

Dorfkirche Frankendorf

Außenansicht

Innenansicht

Gemeindeportal Nordfassade

Das Türblatt ist aus drei Laubholzbohlen mit schräg gearbeiteten, einfach gestalteten, aufgenagelten Gratleisten hergestellt. Es finden sich Werkzeugspuren vom Spalten, Bebeilen und von der Bearbeitung mit der Säge. Die schweren Gabelbänder scheinen mit dem gegenüberliegenden, massiven Eisengurt vernietet zu sein (vgl. S. 46, Anm. 308, 421). An den Endungen sind Blattornamente angeschmiedet. Ein nachträglich montiertes Gurtband und zwei Zangen sind zum Halten eines Austausch-

brettes im Schlossbereich verbaut worden. Die eisernen Anbauteile im oberen Bereich der Tür verhinderten das Ausheben (vgl. Kat. 3, S. 48 f.). Durch das Balkenschloss kann die Tür mit einem Volldornschlüssel als Replikat von 1826 bedient werden.

Das wappenartige Schlüsselschild mit Schlüssellochabdeckung ist vollständig erhalten (S. 54). Zwei gut lesbare, geschnitzte Inschriften aus den Jahren 1565 und 1574 befinden sich in Augenhöhe.

Datierung

... zur Kirche
Saalbau: wohl 14. Jh.
Turm: wohl 1711
Ersterwähnung Ort: 1299

... zur Tür
Schlüsselschild: 15. Jh. (aufgrund gleicher Nagelkopfformen, vermutlich Entstehungszeitraum wie Beschläge)
Schlüssel: 1826 (Form deutet als Replik auf das 13.–14. Jh. hin; vgl. Goerig, 2010, S. 321, Abb. SW241)
Ziehring: 13.–15. Jh. (vgl. Schmitz, 1905, Blatt 32, 41, 46)
Bänder: 13.–16. Jh. (vgl. Graf, 2016, S. 31; vgl. auch Albrecht, 1997, S. 30, Abb. 35)
Flächenbeschläge: 13.–16. Jh. (vgl. Graf, 2016, S. 31; vgl. auch Albrecht, 1997, S. 30, Abb. 35)

Türblatt

Drehrichtung: links
Breite: 138 cm
Höhe Türblatt-Bandseite: 217 cm
Höhe Türblatt-Mitte: 237 cm
Stärke: 5 cm

Beschläge

Bänder
Bänderart: Gabelband
Unterkante Türblatt–Drehpunkt unten: 27 cm
Drehpunkt unten–Drehpunkt oben: 177 cm
Durchmesser Kloben: 4 cm

Schloss
Material: Holz
Breite: 21 cm
Höhe: 43 cm
Tiefe: 12,5 cm
Unterkante Türblatt–Mitte Schlüsseldorn: 93 cm

Nägel
Auf dem Türblatt finden sich einheitliche Nagelkopfformen an den Beschlägen.

Sonstiges

Sichtfassung
Holz: gräulich
Bänder: gräulich
Schloss: gräulich
Flächenbeschläge: gräulich

Literatur

Agthe, Markus, 2017
Albrecht, Thorsten, 2010
Graf, Gerhard, 2016

Bandrolle des massiven Gabelbandes (S. 44 f.)

Großes Balkenschloss mit abgesetztem Riegel (S. 49 ff.)

Dorfkirche Friedersdorf

Außenansicht

Innenansicht

Priesterportal Südfassade

Das Türblatt besteht aus zwei Nadelholzbohlen mit nahezu flächenbündig, leicht dachförmig gearbeiteten Laubholzgratleisten mit Wechselfalz. Es sind zahlreiche Bearbeitungsspuren vom Spalten und der Bearbeitung mit dem Beil erkennbar. Ein älteres Schlüsselloch wurde von innen mit Holz verschlossen und von außen mit einem Metallblech überdeckt. Im Schließblechbereich ist ein Balkenstück eingemauert. Daran sind die Schließbleche befestigt worden.

Die qualitätsvoll gearbeiteten, stumpf aneinanderstoßenden Flächenbeschläge sind sehr detailreich gestaltet (vgl. S. 58 ff.).

Datierung

... zur Kirche

Saalbau: 2. Viertel 13. Jh.

Turm: 2. Viertel 13. Jh.

Sakristei: 13. Jh.

Ersterwähnung Ort: 1217

... zur Tür

Schloss: 19. Jh. (vgl. Weissenberger, 2011, S. 246 f.)

Schlüsselschild: 19. Jh.

Ziehring: nein (dafür Stoßplatte auf Grundplatte
15.–18. Jh., vgl. Goerig, 2010, S. 97, 351, 362, 366)

Bänder: 12.–13. Jh. (vgl. Ornamentik in: Schulmeyer, 1995,
S. 58 ff.; vgl. auch Schmitz, 1905, Blatt 13 f., 17 ff.)

Flächenbeschläge: 12.–13. Jh. (vgl. Ornamentik in: Schulmeyer,
1995, S. 58 ff., 144 f.; vgl. auch Schmitz, 1905, Blatt 13 f.,
17 ff., 31)

Türblatt

Drehrichtung: rechts

Breite: 98 cm

Höhe Türblatt-Bandseite: 173 cm

Höhe Türblatt-Mitte: 189 cm

Stärke: 6 cm

Beschläge

Bänder

Bänderart: Langband

Unterkante Türblatt–Drehpunkt unten: 35 cm

Drehpunkt unten–Drehpunkt oben: 121 cm

Durchmesser Kloben: 3 cm

Schloss

Material: Metall

Breite: 17 cm

Höhe: 12,5 cm

Tiefe: 3,5 cm

Unterkante Türblatt–Mitte Schlüsseldorn: 104 cm,
ehem. Balkenschloss (ca. 20 x 45 cm)

Unterkante Türblatt–Mitte Schlüsseldorn, war 98 cm

Nägel

Nägel kommen auf dem Türblatt in Größen zwischen 4–55 mm
in runder, floraler, flachköpfiger, kugelförmiger, linsenartiger,
giebelartiger (groß und klein) Ausformung zum Einsatz (S. 61 ff.).

Sonstiges

Sichtfassung

Holz: materialsichtig

Bänder: materialsichtig

Schloss: materialsichtig

Flächenbeschläge: materialsichtig

Literatur

Agthe, Markus, 2017

Goerig, Michael, 2010

Graf, Gerhard, 2016

Schmitz, Wilhelm, 1905

Balkenstück im Mauerwerk mit Einlauföse

Dachförmig gearbeitete Gratleiste

Dorfkirche Friedersdorf

Außenansicht

Innenansicht

Sakristeiportal Nordfassade

Es handelt sich um ein einseitig mit Blech beschlagenes, annähernd flächenbündig gegratetes Türblatt aus Laubholz. Die Gratleisten sind schwach dachförmig gearbeitet. Erkennbar sind Bearbeitungsspuren vom Spalten und der Bearbeitung mit dem Beil. Das nachträglich montierte Holzstück in einer Ausnehmung markiert die Stelle, an der vermutlich ein ehemaliges Balkenschlosses seinen Platz fand.

Datierung
... zur Kirche
Saalbau: 2. Viertel 13. Jh.
Turm: 2. Viertel 13. Jh.
Sakristei: 13. Jh.
Ersterwähnung Ort: 1217
... zur Tür
Schloss: 19. Jh. (vgl. Goerig, 2010, S. 149)
Schlüsselschild: 19. Jh.

Türblatt
Drehrichtung: links
Breite: 75 cm
Höhe Türblatt-Bandseite: 1660 cm
Höhe Türblatt-Mitte: 177,5 cm
Stärke: 6,5 cm

Beschläge
Bänder
Bänderart: Langband
Unterkante Türblatt–Drehpunkt unten: 39 cm
Drehpunkt unten–Drehpunkt oben: 100 cm
Durchmesser Kloben: 3,5 cm

Schloss
Material: Metall
Breite: 17,5 cm
Höhe: 15,5 cm
Tiefe: 3,5 cm
Unterkante Türblatt–Mitte Schlüsseldorn: 99 cm,
vormals vmtl. Balkenschloss

Nägel
Die Nägel zur Befestigung des Blechbeschlages sind sauber
gearbeitet.

Sonstiges
Sichtfassung
Holz: materialsichtig

Literatur
Agthe, Markus, 2017
Goerig, Michael, 2010

Endbearbeitung der oberen Gratleiste an der Bandseite

Formschöne Ausführung der Gratleistenendung an der Schließkante

Dorfkirche Friedersdorf

Außenansicht

Innenansicht

Solitärportal Südfassade

Das flächenbündige, grob gegratete und vernagelte Türblatt aus Laubholz mit massivem Balkenschloss ist aus drei Bohlen gefertigt und zeigt Bearbeitungsspuren von Beil und Säge. An zwei bündig eingelassenen Langbändern und zwei Gurtbändern sind C-förmige Elemente angesetzt.

Schlossseitig und im unteren Bereich des Türblattes wurden große Brettflächen erneuert. Im oberen Bereich ist ein hölzernes Balkenstück als Aushebelsicherung so montiert worden, dass es in geschlossenem Zustand am Sturz anliegt (S. 48 f.). Auffällig sind die Unterschiede in der Bearbeitungsqualität der grob ausgeführten Holzbearbeitung am Türblatt und der des sauber hergestellten Schlosses. Ein kreisrundes Schlüsselschild mit auffallenden Nagelköpfen und großem Schlüsselloch ist am Türblatt angebracht. Als Handhabe dient ein einfacher Ziehring in schlichter Öse. In Augenhöhe sind schön gearbeitete, sternförmige und flammenartig plastisch ausgeformte Schmiedeornamente zu finden.

Datierung

... zur Kirche

Saalbau: 15. Jh.

Ersterwähnung Ort: 1414

... zur Tür

Schloss: 15.–16. Jh.(vgl. Goerig, 2010, S. 56, 172, 209, 230, 232; vgl. auch Weissenberger, 2011, S. 93, 142, 156)

Schlüsselschild: 14. Jh. (vgl. Schmitz, 1905, Blatt 33; vgl. auch Goerig, 2010, S. 163, Abb. F18 (Schlüsselloch), ebd. S. 356, Abb. SW353a)

Ziehring: 13.–15. Jh. (vgl. Schmitz, 1905, Blatt 32, 41, 46)

Bänder: 14.–15. Jh. (ähnlich der Bänder in Kat. 33, hier einfacher und ohne Blattform)

Flächenbeschläge: 14.–15. Jh. (ähnlich der Bänder in Kat. 33, hier einfacher und ohne Blattform)

Türblatt

Drehrichtung: rechts

Breite: 119/127 cm

Höhe Türblatt-Bandseite: 196 cm

Höhe Türblatt-Mitte: 212,5 cm

Stärke: 4–5,5 cm

Beschläge

Bänder

Bänderart: Langband

Unterkante Türblatt–Drehpunkt unten: 19 cm

Drehpunkt unten–Drehpunkt oben: 159,5 cm

Durchmesser Kloben: 3,5 cm

Schloss

Material: Holz

Breite: 19,5 cm

Höhe: 47 cm

Tiefe: 16,5 cm

Unterkante Türblatt–Mitte Schlüsseldorn: 92 cm

Nägel

Auf dem gesamten Türblatt lassen sich sehr gleichmäßig gearbeitete Nägel finden. Die Schlossnägel sind gleichartig und massiv hergestellt worden.

Sonstiges

Sichtfassung

Holz: bräunlich

Bänder: braun

Schloss: bräunlich

Flächenbeschläge: braun

Literatur

Agthe, Markus, 2017.

Goerig, Michael, 2010.

Schmitz, Wilhelm, 1905.

Weissenberger, Ulf, 2011.

Gratleistenendung mit Vernagelung

Balkenschloss mit Stulpblech (S. 49 ff.)

Dorfkirche Goßmar

Außenansicht

Innenansicht

Priesterportal Südfassade

Das grob gearbeitete Türblatt besteht aus drei Laubholzbohlen und wurde mit auffallend schräg verlaufenden Gratleisten versehen. Die obere liegt beinahe außerhalb der Konstruktion. Auf der Türblattoberfläche zeigen sich undefinierbare Werkzeugspuren (vgl. auch Kat. 19, 21; S. 33 f.). Zwei flächenbündig eingelassene Langbänder und zwei Gurtbänder mit ochsenhornartigen Endungen zieren das Türblatt. Im Schlossbereich lassen sich Werkzeugspuren finden, die darauf hindeuten, dass dort ein Balkenschloss montiert war. Die Flächenbeschläge sind als Hahnen- und Schlangenkopf bewusst gestaltet. Der Hahnenkamm wurde ziseliert. Der Hals des Hahnes ist einschlägig, der der Schlange kreuzschlägig ausgeführt worden.

Datierung

... zur Kirche

Saalbau: Anfang 15. Jh.

Turm: 1. Hälfte 15. Jh.

Ersterwähnung Ort: 1368

... zur Tür

Schloss: 18. Jh. (vgl. Weissenberger, 2011, S. 184, Abb. 0545; vgl. auch Goerig, 2010, S. 357, Abb. SW355c)

Schlüsselschild: 18.–19. Jh. (vgl. Goerig, 2010, S. 357, Abb. SW355h)

Bänder: 15. Jh. (ähnliche Ausformung wie Bänder an den Türen in Kat. 33, 39)

Flächenbeschläge: 15. Jh. (Qualität und Art der Ziselierung entspricht denen der Bänder)

Türblatt

Drehrichtung: rechts

Breite: 114 cm

Höhe Türblatt-Bandseite: 210 cm

Höhe Türblatt-Mitte: 219 cm

Stärke: 4,5 cm

Beschläge

Bänder

Bänderart: Langband

Unterkante Türblatt–Drehpunkt unten: 48 cm

Drehpunkt unten–Drehpunkt oben: 131 cm

Durchmesser Kloben: 3,5 cm

Schloss

Material: Metall

Breite: 26 cm

Höhe: 17 ccm

Tiefe: 4,5 cm

Unterkante Türblatt–Mitte Schlüsseldorn: 128 cm, vormals vmtl. Balkenschloss (Unterkante Türblatt–Mitte Schlüsseldorn war 96 cm)

Nägel

Die Nägel zeigen eine erhabene Gestaltung mit linsenkopfartigen Köpfen als „Augen" für die tierfigürliche Darstellungen (vgl. auch Kat. 17, S. 115, Abb. unten links).

Sonstiges

Sichtfassung

Holz: rot bräunliche Lasur

Bänder: schwarz

Schloss: schwarz

Flächenbeschläge: schwarz

Literatur

Agthe, Markus, 2017

Goerig, Michael, 2010

Weisenberger, Ulf, 2011

Eingelassenes Langband mit Nietbefestigung (vgl. S. 46, vgl. auch Anm. 308, 421)

Raspelartige Bearbeitungsspuren (vgl. Kat. 19, 21, vgl. auch S. 33 f.)

Dorfkirche Goßmar

Außenansicht

Innenansicht

Gemeindeportal Südfassade

Das dreibohlige Laubholztürblatt ist mit schmal gearbeiteten, flächenbündigen Gratleisten ausgestattet.
Die Gratung findet sich an diesem Türblatt in fachlich
korrekter Ausführung (Anm. 308). Es lassen sich Sägespuren und Abbruchflächen vom Holzeinschnitt mit
einer ungespannten Säge finden.

Die Bänder wurden nicht in voller Länge eingelassen.
Hier liegt möglicherweise eine Zweitverwendung vor, zu-
mal die Beschlagendungen nicht vorhanden sind. Dort
finden sich zusätzlich Beschädigungen an der Schließkante der Tür.

Datierung
... zur Kirche
Saalbau: Anfang 15. Jh.
Turm: 1. Hälfte 15. Jh.
Ersterwähnung Ort: 1368
... zur Tür
Ziehring: nein (hier jedoch ein Ziehgriff mit hebender Klinke, 18.–19. Jh., vgl. hierzu: Goerig, S. 352)
Bänder: 15. Jh. (ähnliche Ausformung Kat. 16)
Flächenbeschläge: 15. Jh. (ähnliche Ausformung Kat. 16)

Türblatt
Drehrichtung: rechts
Breite: 130 cm
Höhe Türblatt-Bandseite: 210 m
Höhe Türblatt-Mitte: 210 cm
Stärke: 4,5 cm

Beschläge
Bänder
Bänderart: Langband
Unterkante Türblatt–Drehpunkt unten: 32 cm
Drehpunkt unten–Drehpunkt oben: 142 cm
Durchmesser Kloben: 3,5 cm

Schloss
Schubriegel und hebender Riegel, vormals vmtl. Sperrbalken

Nägel
Die Nägel zeigen eine erhabene Gestaltung mit linsenkopfartigen Köpfen als „Augen" für die tierfigürliche Darstellungen.

Sonstiges
Sichtfassung
Holz: rot bräunliche Lasur
Bänder: schwarz
Flächenbeschläge: schwarz

Literatur
Agthe, Markus, 2017
Goerig, Michael, 2010

Tierfigürliche Darstellung am Flächenbeschlag mit Nagelkopf als „Auge"

Abbruchkante vom Holzeinschnitt, korrekte Gratung und Langband mit Dreiecksbandansatz

Dorfkirche Goßmar

Dorfanger 19
03249 Sonnewalde OT Goßmar
Katalognummer: 18

Außenansicht

Innenansicht

Priesterportal Südfassade

Das flächenbündig gegratete, mit Holznägeln vernagelte, etwa 11 Zentimeter starke Türblatt besteht aus zwei eichernen, wiederverwendeten Bohlen. Im unteren Bereich ist ein von außen erkennbares, geschnitztes Rosettenmotiv der ehemals einteiligen Bohle eingearbeitet. Die ursprüngliche Bohle wurde durch das Motiv hindurch getrennt und zu einer Tür weiterverarbeitet (vgl. Agthe, 2017, S. 135 ff.). Auf der Außenseite der Tür ist eine Danksagung zur Beendigung der Pest im Jahr 1626 eingeschnitzt. Die Bebeilung auf der Innenseite der Tür ist sauber und gleichmäßig ausgeführt.

Zwei türblattumgreifende Langbänder wurden flächenbündig eingelassen. Die herabhängende Schlüssellochabdeckung ist vorhanden (vgl. S. 54 f.). Innenseitig ist eine Ausnehmung am Türblatt zu erkennen die der Aufnahme eines Balkenschlosses diente. Als Handhabe wurde ein tordiert gearbeiteter Ziehring in einfacher Öse montiert.

Datierung

...zur Kirche

Saalbau: 1. Hälfte 14. Jh.

Turm: 14. Jh.

Ersterwähnung Ort: 1231

...zur Tür

Schloss: 18.–19. Jh. (vgl. Goerig, 2010, S. 359, Abb. SW362)

Schlüsselschild: 18.–19. Jh. (vgl. Goerig, 2010, S. 359, Abb. SW362)

Ziehring: 13.–15. Jh. (vgl. Schmitz, 1905, Blatt 32, 41, 46)

Bänder: 14.–15. Jh. (vgl. Schmitz, 1905, Blatt 55)

Türblatt

Drehrichtung: rechts

Breite: 120 cm

Höhe Türblatt-Bandseite: 207 cm

Höhe Türblatt-Mitte: 220 cm

Stärke: 11 cm

Beschläge

Bänder

Unterkante Türblatt–Drehpunkt unten: 37 cm

Drehpunkt unten–Drehpunkt oben: 162 cm

Durchmesser Kloben: 3,5 cm

Schloss

Material: Metall

Breite: 35 cm

Höhe: 20 cm

Tiefe: 7 cm

Unterkante Türblatt–Mitte Schlüsseldorn: 95 cm, vormals vmtl. Balkenschloss

(B/H = 26/45 cm; Unterkante Türblatt–Mitte Schlüsseldorn 89 cm)

Nägel

Zur Bandbefestigung wurden massive Nägel mit großen Köpfen verwendet.

Sonstiges

Sichtfassung

Holz: bräunlich

Bänder: braun

Schloss: bräunlich

Flächenbeschläge: braun

Literatur

Agthe, Markus, 2017

Goerig, Michael, 2010

Werkzeugspuren auf der Türblattfläche und der vernagelten Gratleiste

Schnitzerei 1626

Dorfkirche Göllnitz

Außenansicht

Innenansicht

Priesterportal Südfassade

Das flächenbündig gegratete Türblatt besteht aus zwei Nadelholzbohlen mit Nut-Fremdfederverbindung und zeigt eine undefinierbare Oberflächenbeschaffenheit (S. 33 f.). Die Nut ist kegelförmig mit einem Nuteisen (S. 37 ff.) hergestellt worden. Als Feder ist eine beidseitig abgeschrägte Eichenholzfeder eingesetzt (Kat. 3, 4; vgl. S. 39, Abb. 39).

Zwei Langbänder (oberes offenbar „1853" erneuert) und drei Gurtbänder sind tlw. flächenbündig eingelassen. Daran sind filigran gearbeitete, C-förmige Ornamente mit schlangenkopfartigen Endungen stumpf angesetzt. Ein großes – im Horizontalschnitt – leicht dachförmig gearbeitetes Balkenschloss mit schlossumgreifenden Bändern und wappenartig ausgeformten Schlüsselschild ist in etwa 90 Zentimeter Höhe angebracht. Die Schließung erfolgte mit einem Hohldornschlüssel, der die im Schlosskasten erkennbare Zuhaltung anhob, um dann den Riegel mit sichtbaren Feilspuren in Bewegung versetzte. Die Riegel fuhr in die im Mauerwerk vorhandene Riegelöse ein.

Datierung

... zur Kirche
Saalbau: 2. Hälfte 13. Jh.
Turm: 2. Hälfte 13. Jh.
Ersterwähnung Ort: 1368

... zur Tür
Schloss: 15.–16. Jh. (vgl. Goerig, 2010, S. 56, 172, 209, 230, 232; vgl. auch Weissenberger, 2011, S. 93, 142, 156)
Schlüsselschild: 13.–17. Jh. (vgl. Graf, 2016, S. 24, Abb. 4; vgl. auch Goerig, 2010, S. 163, 208; vgl. auch Schmitz, 1905, Blatt 32)
Bänder: 13. Jh. (vgl. Schmitz, 1905, Blatt 19; Grundform und Gestaltung sehr ähnlich)
Flächenbeschläge: 13. Jh. (vgl. Graf, 2016, S. 24 ff.; vgl. auch Kat. 8)

Türblatt
Drehrichtung: rechts
Breite: 101 cm
Höhe Türblatt–Bandseite: 200 cm
Höhe Türblatt–Mitte: 220 cm
Stärke: 8 cm

Beschläge
Bänder
Bänderart: Langband
Unterkante Türblatt–Drehpunkt unten: 28 cm
Drehpunkt unten–Drehpunkt oben: 119 cm
Durchmesser Kloben: 4,5 cm

Schloss
Material: Holz evlt.: Linde, Pappel
Breite: 21 cm
Höhe: 47 cm
Tiefe: 13,5 cm
Unterkante Türblatt–Mitte Schlüsseldorn: 86,5 cm

Nägel
Die Flächenbeschläge werden von schlichten, linsenartig gearbeiteten Nägeln gehalten. Das Schloss ist mit massiven, gleichartig gestalteten Nägeln befestigt (vgl. S. 52, Abb. 59 ff.).

Sonstiges
Sichtfassung
Holz: materialsichtig
Metall: materialsichtig

Literatur
Agthe, Markus, 2017
Goerig, Michael, 2010
Graf, Gerhard, 2016
Schmitz, Wilhelm, 1905

Riegel und Riegelöse im Mauerwerk

Flächenbeschlaganordnung als Tierdarstellung (siehe S. 15)

Dorfkirche Kanin

Außenansicht

Innenansicht

Priesterportal Südfassade

Das zweibohlige, grob bearbeitete Türblatt zeigt Säge-spuren einer ungespannten Säge. Die Laubholzbohlen haben nach dem Einschnitt stark und sehr unregel-mäßig gearbeitet. Die aufgenagelten Holzleisten, aus augenscheinlich Eschenholz, weisen Spuren einer Be-arbeitung mit Ziehmessern auf und stabilisieren die Konstruktion. Mit einem Nuteisen wurden die Nuten in die Schmalflächen der Bohlen eingearbeitet und mit einer Fremdfeder zusammengefügt (Kat. 3, 4, 19; vgl. S. 37 ff.). Ursprünglich war das Türblatt mit bündig eingelassenen Bändern angeschlagen. Heute zeigt sich die Tür umgeschlagen. Die bauzeitlichen, esel-rückenartig ausgeformten Bänder wurden weiterver-wendet und sind heute auf der entgegengesetzten Seite montiert. Als Verschluss kam vermutlich ein Balken-schloss zum Einsatz.

Datierung
... zur Kirche
Saalbau: 14. Jh.
Ersterwähnung Ort: 1420

Türblatt
Drehrichtung: rechts
Breite: 88 cm
Höhe Türblatt-Bandseite: 156 cm
Höhe Türblatt-Mitte: 173 cm
Stärke: 5 cm

Beschläge
Bänder
Bänderart: Langband
Unterkante Türblatt–Drehpunkt unten: alt 22 cm/neu 30 cm
Drehpunkt unten–Drehpunkt oben: alt 120 cm/neu 105 cm
Durchmesser Kloben: 3 cm

Schloss
Material: ehem. Balkenschloss
Unterkante Türblatt–Mitte Schlüsseldorn: 96 cm

Nägel
Die Querleisten sind mit großköpfigen Nägeln am Türblatt befestigt. Mit schiffchenartig gearbeiteten Nägeln wurden die Langbänder in Zwillingsnagelung angeschlagen.

Sonstiges
Sichtfassung
Holz: materialsichtig
Bänder: materialsichtig

Literatur
Georg Dehio, 2012

Werkzeugspuren einer ungespannten Säge (S. 25 ff., vgl. Abb. 13)

Werkzeugspuren eines Ziehmessers (S. 30 ff.)

Dorfkirche Kasel

Gloßener Straße 2
15938 Kasel-Golzig OT Kasel
Katalognummer: 21

Außenansicht

Innenansicht

Priesterportal Südfassade

Das spitzbogige, gegratete Türblatt besteht aus zwei Laubholzbohlen. Es weist eine raspelspurenartig erscheinende, quer zum Faserverlauf angeordnete Oberflächenstruktur unbekannten Ursprungs auf (vgl. S. 33 f.). Die obere Gratleiste liegt außergewöhnlich hoch im oberen Drittel des Spitzbogens. Sie ist dadurch verkürzt und in ihrer Funktion gemindert. Eine mögliche Ursache wäre das Anpassen beim Anschlagen vor Ort. Die markant gearbeiteten Gabelbänder sind als Langband mit blattartigen Endungen gearbeitet und umfassen das Türblatt in voller Stärke. Das mittige Gurtband ist um das Türblatt mit einer Abkantung auf die Schmalflächen

versehen und dort mit Nägeln befestigt. Das Schlüsselloch des ehem. Balkenschlosses ist nicht zugesetzt. Eine schlichte Hülse mit einem etwa einen Zentimeter umgebörteltem Kragen, bildet das Schlüsselschild und kann somit vollständig von der Schlüssellochabdeckblech verdeckt werden. Als zusätzliche Sicherungsmaßnahme sind ein Stegblech und die dazugehörige Mauerwerkstasche (vgl. Kat. 1, 45; S. 54 f.) vorgesehen. Weiterhin ist schlossseitig ein Einlaufschacht vorhanden, der auf die Verwendung eines Halbsperrbalkens hindeutet. Ein tordierter Ziehring in einfach gearbeiteter Öse ist ohne Grundplatte montiert.

Datierung
…zur Kirche
Saalbau: 14. Jh.
Turm: Anfang 15. Jh.
Ersterwähnung Ort: 1407
…zur Tür
Schlüsselschild: 14. Jh. (vgl. Goerig. 2010, S. 356,
    Abb. SW353a)
Ziehring: 15. Jh. (vgl. Schmitz, 1905, Blatt 66)
Bänder: 15. Jh. (vgl. Graf, 2016, S. 22, 31)
Flächenbeschläge: 15. Jh. (vgl. Graf, 2016, S. 22, 31)

Türblatt
Drehrichtung: rechts
Breite: 103 cm
Höhe Türblatt-Bandseite: 172 cm
Höhe Türblatt-Mitte: 231 cm
Stärke: 5 cm

Beschläge
Bänder
Bänderart: Gabelband
Unterkante Türblatt–Drehpunkt unten: 48 cm
Drehpunkt unten–Drehpunkt oben: 105,5 cm
Durchmesser Kloben: 3,5 cm

Schloss
Unterkante Türblatt–Mitte Schlüsseldorn des ehem.
Balkenschlosses 86 cm

Nägel
Die Beschläge wurden mit großköpfigen, z. T. dachförmig
gearbeiteten Nägeln befestigt. Offenbar ist eine Nietung am
Gabelband ausgeführt (vgl. S. 46, Anm. 308, 421).

Sonstiges
Sichtfassung
Holz: gräulich
Bänder: schwarz
Flächenbeschläge: schwarz

Literatur
Agthe, Markus, 2017
Goerig, Michael, 2010
Graf, Gerhard, 2016
Schmitz, Wilhelm, 1905

Schlüssellochabdeckung „zu", daneben Stegblech

Schlüssellochabdeckung „auf" und Schlüsselbuchse

Dorfkirche Kemnitz

Kemnitzer Hauptstraße 2
14947 Nuthe-Urstomtal
Katalognummer: 22

Außenansicht

Innenansicht

Priesterportal Südfassade

Das oberhalb unregelmäßig ausgeformte, gegratete, dreibohlige Türblatt aus Laubholz ist als Nut-Fremd-federkonstruktion gearbeitet. Eine Ausklinkung im oberen Bereich ist vorgesehen, um das Türblatt ein- und auszuhängen. Herausstechend sind die Gratleisten und das Sockelbrett, da sie glatter gearbeitet sind als die Brettkonstruktion. Das vorhandene Balkenschloss wird mit authentischem Volldornschlüssel bedient (wird vom Kirchenältesten verwahrt). Interessant erscheinen die schön gestaltete, gelocht ausgeführte, kreisrunde Grundplatte mit einem Griffring mit quadratischem Querschnitt in schlichter Öse, die massiven, ziselierten Bänder und das markante Schlüsselschild in rautenförmiger Ausführung und großem Schlüsselloch. Das mittige Gurtband ist massiv gearbeitet und nicht gestalterisch aufgewertet.

Datierung

... zur Kirche
Saalbau: 1. Hälfte 14. Jh.
Turm: 1739

... zur Tür
Schloss: 15.–16. Jh. (vgl. Goerig, 2010, S. 56, 172, 209, 230, 232; vgl. auch Weissenberger, 2011, S. 93, 142, 156)
Schlüsselschild: 15.–16. Jh. (vgl. Goerig. 2010, S. 230, Abb. SW7)
Schlüssel: 11.–14. Jh. (vgl. Goerig, 2010, S. 319 ff., hier vorrangig Abb. SW230; vgl. auch Weissenberger, 2011, S. 60 ff.)
Ziehring: 13.–15. Jh. (vgl. Schmitz, 1905, Blatt 32, 41, 46)
Bänder: 14.–15. Jh. (vgl. Entstehungszeitraum Saal und Ähnlichkeit Grundform und Qualität aus Kat. 5, 7)
Flächenbeschläge: 14.–15. Jh. (vgl. Entstehungszeitraum Saal und Ähnlichkeit Grundform und Qualität aus Kat. 5, 7)

Türblatt
Drehrichtung: rechts
Breite: 127 cm
Höhe Türblatt-Bandseite: 194 cm
Höhe Türblatt-Mitte: 213 cm
Stärke: 3,5 cm

Beschläge
Bänder
Bänderart: Langband
Unterkante Türblatt–Drehpunkt unten: 48 cm
Drehpunkt unten–Drehpunkt oben: 135 cm
Durchmesser Kloben: 3,5 cm

Schloss
Material: Holz
Breite: 18 cm
Höhe: 40 cm
Tiefe: 11,5 cm
Unterkante Türblatt–Mitte Schlüsseldorn: 91,5 cm

Nägel
Große, dachförmig gearbeitete Schlossbefestigungsnägel halten das Schloss. Die Bandbefestigungsnägel wurden quer zur Faser umgekröpft.

Sonstiges
Sichtfassung
Holz: grau, darunterliegend, beige
Bänder: schwarz
Schloss: grau, darunterliegend, beige
Flächenbeschläge: schwarz

Literatur
Dehio, Georg, 2000
Goerig, Michael, 2010
Weissenberger, Ulf, 2011
Schmitz, Wilhelm, 1905

In Benutzung befindlicher Volldornschlüssel

Schlüsselschild mit großem Schlüsselloch

Dorfkriche Kemnitz

Kemnitzer Hauptstraße 2
14947 Nuthe-Urstromtal
Katalognummer: 23

Außenansicht

Innenansicht

Gemeindeportal Südfassade

Das oberhalb unregelmäßig ausgeformte, gegratete dreibohlige Türblatt aus Laubholz ist als Nut-Fremdfederkonstruktion gearbeitet. Im oberen Bereich ist eine Ausklinkung vorgesehen, um das Türblatt ein- und auszuhängen. Die Gratleisten entsprechen nicht der Oberflächengüte der Brettkonstruktion. Sie sind glatter gearbeitet. Daher könnte es sich um eine nachträgliche, nicht bauzeitliche Konstruktion handeln. Der Schubriegel in 87 cm Höhe dient als Sperrelement anstelle eines Sperrbalkens und erscheint bauzeitlich. Ein eingemauertes Balkenstück mit Loch dient als Schließblech. Das Sockelbrett scheint ursprünglich zu sein, wenn man die Nagelkopfformen betrachtet. Interessant erscheinen der Ziehring und die ziselierten Bänder. Das Gurtband ist massiv gearbeitet und nicht gestalterisch aufgewertet.

Datierung
... zur Kirche
Saalbau: 1. Hälfte 14. Jh.
Turm: 1739
... zur Tür
Ziehring: 13.–15. Jh. (vgl. Schmitz, 1905, Blatt 32, 41, 46)
Bänder: 14.–15. Jh. (vgl. Entstehungszeitraum Saal und Ähnlichkeit Grundform und Qualität aus Kat. 5, 7)
Flächenbeschläge: 14.–15. Jh. (vgl. Entstehungszeitraum Saal und Ähnlichkeit Grundform und Qualität aus Kat. 5, 7)

Türblatt
Drehrichtung: rechts
Breite: 116,5 cm
Höhe Türblatt-Bandseite: 195 cm
Höhe Türblatt-Mitte: 210 cm
Stärke: 4 cm

Beschläge
Bänder
Bänderart: Langband
Unterkante Türblatt–Drehpunkt unten: 38 cm
Drehpunkt unten–Drehpunkt oben: 146,5 cm
Durchmesser Kloben: 3,5 cm

Schloss
Schubriegel als Sperrelement

Nägel
Auffallend sind die massiven Halteeisen als Erstbefestigungen am Band (vgl. auch Kat. 13, 32, Anm. 421)

Sonstiges
Sichtfassung
Holz: grau
Bänder: schwarz
Flächenbeschläge: schwarz

Literatur
Dehio, Georg, 2000
Schmitz, Wilhelm, 1905

Ziehring auf durchbrochener Grundplatte (vgl. S. 56, Abb. 71 ff.)

Balkenstück mit Öse und Schubriegel

Dorfkirche Kreblitz

Außenansicht

Innenansicht

Priesterportal Südfassade

Das dreibohlige Türblatt ist stichbogig, mit Nut-Feder-Verbindung gefügt. Als Querleisten wurden behauene Äste verwendet und an den Laubholzbohlen mit Nägeln befestigt (vgl. Kat. 38). Innenseitig sind fugenüberdeckende, vertikale Verleistung des 20. Jahrhunderts zu finden.

Der Länge nach verschweißte Gabelbänder als Schwalbenschwanzband (vgl. Kat. 8) mit blattförmigen Endungen wurden flächenbündig eingearbeitet. Ein tordiert gestalteter Ziehring in einfacher Öse mit mehrfach und unterschiedlich groß gelochter, quadratischer Grundplatte dient als Handhabe (vgl. S. 56, Abb. 71 ff.).

Datierung

...zur Kirche
Saalbau: 14. Jh.
Turm: Anfang 15. Jh.
Ersterwähnung Ort: 1228
...zur Tür
Schloss: 19. Jh. (vgl. Goerig, 2010, S. 149)
Schlüsselschild: 18.–19. Jh. (vgl. Goerig, 2010, S. 349,
    Abb. SW333, S. 358, Abb. SW358a)
Schlüssel: 18.–19. Jh. (vgl. Goerig, 2010, S. 344, Abb. SW319)
Ziehring: 13.–15. Jh. (vgl. Schmitz, 1905, Blatt 32, 41, 46)
Bänder: 15.–16. Jh. (vgl. Graf, 2016, S. 31; vgl. auch Albrecht,
    1997, S. 30, Abb. 35)

Türblatt
Drehrichtung: rechts
Breite: 107 cm
Höhe Türblatt-Bandseite: 225 cm
Höhe Türblatt-Mitte: 253 cm
Stärke: 2,5–4,5 cm

Beschläge
Bänder
Bänderart: Schwalbenschwanz-Gabelband
Unterkante Türblatt–Drehpunkt unten: 19 cm
Drehpunkt unten–Drehpunkt oben: 164 cm
Durchmesser Kloben: 3 cm

Schloss
Material: Metall
Breite: 24,5 cm
Höhe: 18 cm
Tiefe: 4,5 cm
Unterkante Türblatt–Mitte Schlüsseldorn: 110 cm

Nägel
Die Bänder sind mit schweren, großköpfigen Nägeln
angeschlagen und vmtl. als Erstbefestigung vernietet (S. 46,
Anm. 308, 421).

Sonstiges
Sichtfassung
Holz: beigefarben
Bänder: materialsichtig
Schloss: materialsichtig
Flächenbeschläge: materialsichtig

Literatur
Agthe, Markus, 2017
Albrecht, Thorsten, 1997
Goerig, Michael, 2010
Graf, Gerhard, 2016
Schmitz, Wilhelm, 1905

Tordierter Ziehring auf gelochter Grundplatte

Querholz als Ast und Schwalbenschwanzband

Dorfkirche Krüden

Am Schlossteich 1
39615 Krüden
Katalognummer: 25

Außenansicht

Innenansicht

Sakristeiportal Nordfassade

Das unregelmäßig gearbeitete Türblatt besteht aus zwei durch Spaltung zugerichtete Laubholzbohlen, die durch, im unteren Bereich sichtbare Verdollung stabilisiert wird. Über die gesamte Breite wurden Gratleisten geführt, die eine unregelmäßige Herstellungsweise und schlichte Gestaltung zeigen. Durch die wechselnde Fuge in der Höhe der Mitte des Türblattes (S. 36) entsteht eine stabile Türkonstruktion. Man verwendete Langbänder, die als Gabelbänder hergestellt wurden (S. 45). Der Mittelgurt ist formschön ausgeschmiedet. Am oberen Band ist der kurze Schenkel innenseitig abgerissen. Im Bereich des einstigen Balkenschlosses mit Schlüsseldurchbruch ist eine Ausnehmung hergestellt worden. Die Handhabe ist aufwändig gearbeitet. Am Ziehring sind zwei Zierwülsten angearbeitet, die durch eine schlichte Öse auf der quadratischen, mehrfach durchbrochenen Grundplatte befestigt wurde. Sie wird von kleinen Nägeln mit kreuzförmig, würfelartig gestalteten Nagelköpfen umrahmt.

Datierung

... zur Kirche

Saalbau: um 1200

Turm: nach 1200

Sakristei: 13. Jh.

Ersterwähnung Ort: 1208

... zur Tür

Ziehring: 13.–15. Jh. (vgl. Schmitz, 1905, Blatt 16 f.,
Nägel: ebd. Blatt 31, 49)

Bänder: 13.–14. Jh. (vgl. Schmitz, 1905, Blatt 25 f.)

Flächenbeschläge: 13.–14. Jh. (vgl. Schmitz, 1905, Blatt 25 f.;
Analogie, jedoch Mitte 12. Jh. in: Schulmeyer, 1995, S. 47)

Türblatt

Drehrichtung: rechts

Breite: 90 cm

Höhe Türblatt-Bandseite: 183 cm

Höhe Türblatt-Mitte: 183 cm

Stärke: 5,5 cm

Beschläge

Bänder

Bänderart: Gabelband

Unterkante Türblatt–Drehpunkt unten: 34 cm

Drehpunkt unten–Drehpunkt oben: 115 cm

Durchmesser Kloben: 2 cm

Schloss

Unterkante Türblatt–Mitte Schlüsseldorn: 80 cm

Nägel

Die Grundplatte des Ziehrings ist mit aufwändig gearbeiteten
Nägeln befestigt. Der Kopf ist würfelartig gearbeitet und je
Kante mit einer Kerbe versehen.

Sonstiges

Sichtfassung

Bänder: schwarz

Flächenbeschläge: schwarz

Literatur

Dehio, Georg, 1975

Schmitz, Wilhelm, 1905

Schulmeyer, Chistine, 1995

Wechselfuge auf der Fläche (S. 36)

*Schön gestalteter Ziehring auf gelochter Platte (vgl. S. 56,
Abb. 71 ff.)*

Außenansicht

Innenansicht

Gemeindeportal Südfassade

Die zweiflügelige, gegratete Tür besteht je Flügel aus zwei Laubholzbohlen und nachträglich aufgenagelten, äußeren Deckleisten und inneren aufgenagelten Quer- leisten. Die Nut und Feder wurden an der Bohle mit einem Hobel angestoßen. Innenseitig sind auf der Fläche deutliche Hobelspuren eines kammartig gezahnten Ho- bels ablesbar. Außen wurden nachträglich Leisten über die Fugen und Flächenbeschläge genagelt. Innenseitig wird die Türkonstruktion heute durch fünf Schubriegel verschlossen. Im oberen Bereich ist eine Einlauföse vor- handen, die dem ursprünglichen Verriegelungsregime zugehörig zu sein scheint. Sie zeigt eine technisch aus- geformte Bauart in der Größe von etwa 11 x 7 Zentime- ter mit geradem Ansatz, um ein einwandfreies Verriegeln durch einen Schubriegel zu gewährleisten. Ein eisernes Anbauteil wurde als Aushebelsicherung am Gangflügel oben angebracht (S. 48 f.). Zwei ovale Ornamente aus C-förmigen Schmiedeteilen befinden sich am Mittelgurt stumpf angesetzt und sind filigran gearbeitet. Durch die Verleistungen ist die Anordnung der Beschläge nicht gut zu erfassen.

Datierung
... zur Kirche
Basikale Kirche mit Westquerturm
Saalbau: Anfang 13. Jh.
Turm: Anfang 13. Jh.
Ersterwähnung Ort: 1228

Türblatt
Drehrichtung: rechts
Breite: GF 58,5 cm/SF 60,5 cm
Höhe Türblatt-Bandseite: GF 182 cm/SF 177 cm
Höhe Türblatt-Mitte: GF 205 cm/SF 206 cm
Stärke: 5 cm

Beschläge
Bänder
Bänderart: Langband
Unterkante Türblatt–Drehpunkt unten: GF 8 cm/SF 7 cm
Drehpunkt unten–Drehpunkt oben: GF 122 cm/SF 122,5 cm
Durchmesser Kloben: GF 3 cm/SF 3 cm

Nägel
Kugelartig ausgeformte Nägel halten die C-förmigen Ornamente. Die anderen Nägel sind großköpfiger gearbeitet.

Sonstiges
Sichtfassung
Holz: grau
Bänder: schwarz
Flächenbeschläge: schwarz

Literatur
Agthe, Markus, 2017

Kammartige Hobelmarken

Riegelöse des Schubriegels oben mit gerade gearbeiteter, innerer Kante als Kontaktfläche des Riegels

Dorfkirche Lindena

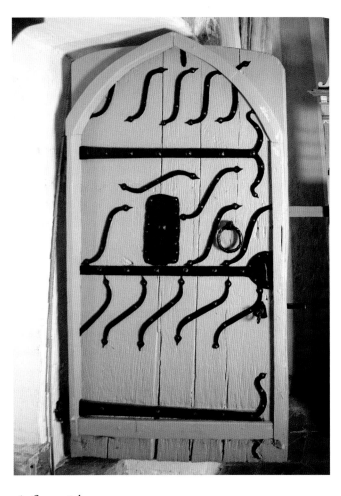

Außenansicht

Innenansicht

Priesterportal Südfassade

Es handelt sich hier um eine dreibohlige Tür aus Laubholz die mit drei Gratfedern zusammengefügt ist. Vermutlich wurden die Gratleisten und die außen aufgenagelten Deckleisten nachträglich montiert.

Auf der Oberfläche finden sich Bearbeitungsspuren vom Spalten und Hobeln. Zwei Langbänder und ein Eisenngurt umfassen das Türblatt. Je eselrückenartig gearbeitetem Band sind zwei Haltenieten im Randbereich (vgl. S. 46, Anm. 308, 421) befestigt. Innenseitig sind zur Stabilisierung der Konstruktion Sägeblattreste mit grober Zahnteilung in Kronenzahnung aufgenagelt. Außenseitig ist eine dicht umnagelte Blechtafel ca. 20 x 35 Zentimeter mit dahinterliegenden Bohrungen (Aufbruchversuch) montiert. Die Stelle, an der das ehemalige Balkenschloss

montiert war, ist ebenfalls durch eine Blechtafel abgedeckt. In einem eingemauerten Balkenstück in Schlosshöhe ist die Riegelöse vorhanden. Ein Schlüsselschild mit einem Durchmesser von etwa 19 Zentimeter und einem 2,3 x 8,5 Zentimeter großen Schlüsselloch ist gleichmäßig mit rundköpfigen Nägeln am Türblatt angebracht (vgl. Kat. 15, 38). Das zusätzliche Stegblech mit Mauerwerkstasche sollte für mehr Sicherheit sorgen (S. 54 f.). Auf die Stirnkante des Türblattes wurde eine gabelbandartig gearbeitete Aushebelsicherung montiert (vgl. auch Kat. 3; S. 48 f.). Als Handhabe ist ein kräftiger, tordierter Ziehring an schlichter Öse angefügt. Die Flächenbeschläge sind schlangenartig aufstrebend gearbeitet (vgl. Beschlagaussage Kat. 36).

Datierung
... zur Kirche
Basikale Kirche mit Westquerturm
Saalbau: Anfang 13. Jh.
Turm: Anfang 13. Jh.
Ersterwähnung Ort: 1228

Türblatt
Drehrichtung: rechts
Breite: 106 cm
Höhe Türblatt-Bandseite: 191 cm
Höhe Türblatt-Mitte: 200 cm
Stärke: 4 cm

Beschläge
Bänder
Bänderart: Langband
Unterkante Türblatt–Drehpunkt unten: 220 cm
Drehpunkt unten–Drehpunkt oben: 121 cm
Durchmesser Kloben: 3 cm

Schloss
Material: Metall als Heberiegel, ehem. Balkenschloss
Unterkante Türblatt–Mitte Schlüsseldorn: 94 cm

Nägel
Man findet kleinköpfige Nägel, die die Flächenbeschläge
tragen. Zur Besfestigung der Bänder sind massive Nägel
zum Einsatz gelangt.

Sonstiges
Sichtfassung
Holz: grau
Bänder: schwarz
Flächenbeschläge: schwarz

Literatur
Agthe, Markus, 2017

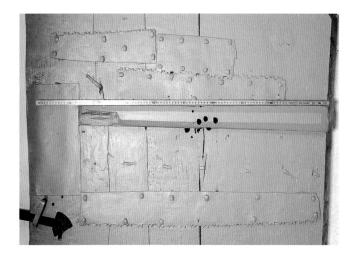

Aufgenagelte Sägeblätter (oben);
Halteniet als Erstbefestigung (unten)

Großes Schlüsselschild mit regelmäßiger Umnagelung
(vgl. Kat. 15)

Dorfkirche Lugau

Außenansicht

Innenansicht

Priesterportal Südfassade

Das segmentbogige, dreibohlige Türblatt ist mit Wechselfalzfuge aus Nadelholz mit schräg eingearbeiteten Gratleisten gefertigt. Sie sind hohlkehlartig und schwach dachförmig ausgearbeitet. Deutlich erkennbar sind Spuren des Spaltens von Holz auf der gesamten Türblattfläche. Innen befinden sich zwei schwertförmige Langbänder. Heute verschließt ein eisernes, nachträglich montiertes Schloss die Konstruktion. Ursprünglich war ein Balkenschloss in etwa der gleichen Höhe verbaut. Die äußere Gestaltung der Tür zeichnet sich durch vier Gurtbänder mit stumpf angesetzten, C-förmigen Ornamenten aus. Neben dem Schlüsselschild erkennt man zwei deutlich von der Gestaltung abweichende Ornamente.

Datierung
... zur Kirche
Saalbau: 13. Jh.
Turm: 13. Jh.
Ersterwähnung Ort: 1228
... zur Tür
Schlüsselschild: 13.–14. Jh. (vgl. Goerig, 2010, S. 163;
vgl. auch Schmitz, 1905, Blatt 32)
Bänder: 12.–13. Jh. (vgl. Graf, 2016, S. 25 ff. und Abb. 5 f.;
vgl. auch Schmitz, 1905, Blatt 13 f.,17 ff.)
Flächenbeschläge: 12.–13. Jh. (vgl. Schulmeyer, 1995, S. 58 ff.;
vgl. auch Schmitz, 1905, Blatt 13 f.,17 ff., 31)

Türblatt
Drehrichtung: rechts
Breite: 92 cm
Höhe Türblatt-Bandseite: 174 cm
Höhe Türblatt-Mitte: 196 cm
Stärke: 5,5 cm

Beschläge
Bänder
Bänderart: Langband
Unterkante Türblatt–Drehpunkt unten: 31,5 cm
Drehpunkt unten–Drehpunkt oben: 137 cm
Durchmesser Kloben: 3,5 cm

Schloss
Material: Metall
Breite: 24 cm
Höhe: 11 cm
Tiefe: 4,5 cm
Unterkante Türblatt–Mitte Schlüsseldorn: 93,5 cm,
vormals vmtl. Balkenschloss, Unterkante Türblatt–Mitte
Schlüsseldorn 93,5 cm, Schlüsselschild vorhanden

Nägel
Die dreieckige Schlüsselschildform ist mit kleinen, giebelkopf-
artig gestalteten Nägeln befestigt und deutet in dieser Bauart
auf das Vorhandensein eines Balkenschlosses hin. Weitestgehend einheitlich gefertigte Nagelkopfformen finden sich
an den anderen Beschlägen.

Sonstiges
Sichtfassung
Holz: außen rotbraun, innen gräulich
Bänder: außen schwarz, innen schwarz-goldfarben
Schloss: schwarz
Flächenbeschläge: schwarz

Literatur
Agthe, Markus, 2017
Goerig, Michael, 2010
Graf, Gerhard, 2016
Schmitz, Wilhelm, 1905
Schulmeyer, Chistine, 1995

Ausgerissene Holzfasern vom Spalten

Formschöne Gratleiste

Dorfkirche Lugau

Lugauer Hauptstraße 4
03253 Doberlug-Kirchhain OT Lugau
Katalognummer: 29

Außenansicht

Innenansicht

Sakristeiportal Nordfassade

Die mehrbohlige, gegratete Tür aus gespaltenem Nadelholz wurde durch vollflächige Queraufnagelungen nachträglich verstärkt. Als Bänder sind gestalterisch anspruchslose Langbänder verwendet worden. Das Schloss zeigt sich als offener Kasten in einfacher Bauweise. Das Schlüsselschild scheint zweitverwendet zu sein. Darauf zeichnet sich ein anderes Schlüsselloch ab. Es finden sich stark überfasste Flächenbeschläge in regelmäßig angeordneten Dreiecksformen mit Spitzen in Blattform. Interessant ist die Gestaltung des Flächenbeschlages mit mehreren Abweichungen vom Programm. So scheinen einige wenige, gebogene Ornamente auf der Türblattfläche auf etwas hinzudeuten. Oberhalb des letzten Gurtes zeigt sich die Gestaltung vollkommen abweichend.

Datierung
... zur Kirche
Saalbau: 13. Jh.
Turm: 13. Jh.
Ersterwähnung Ort: 1228
... zur Tür
Schloss: 17.–18. Jh. (vgl. Goerig, 2010, S. 238, 240)
Ziehring: 13.–15. Jh. (vgl. Schmitz, 1905, Blatt 32, 41, 46)
Bänder: 15. Jh. (vgl. Graf, 2016, S. 31)
Flächenbeschläge: 15. Jh. (vgl. Graf, 2016, S. 31)

Türblatt
Drehrichtung: rechts
Breite: 84 cm
Höhe Türblatt-Bandseite: 152 cm
Höhe Türblatt-Mitte: 187 cm
Stärke: 6,5 cm

Beschläge
Bänder
Bänderart: Langband
Unterkante Türblatt–Drehpunkt unten: 34 cm
Drehpunkt unten–Drehpunkt oben: 111 cm
Durchmesser Kloben: 3 cm

Schloss
Material: Metall
Breite: 28 cm
Höhe: 18 cm
Tiefe: 4 cm
Unterkante Türblatt–Mitte Schlüsseldorn: 98 cm

Nägel
Auf der gesamten Fläche sind einheitlich halbrund
ausgeformte Nagelkopfformen zu finden.

Sonstiges
Sichtfassung
Holz: außen gräulich, innen dunkelbraun
Bänder: außen schwarz-goldfarben, innen dunkelbraun
Schloss: materialsichtig
Flächenbeschläge: schwarz-goldfarben

Literatur
Agthe, Markus, 2017
Goerig, Michael, 2010
Graf, Gerhard, 2016
Schmitz, Wilhelm, 1905

Werkzeugspuren vom Ziehmesser (S. 30 ff.)

Ziehring und zweitverwendetes Schlüsselschild

Dorfkirche Preußnitz

Außenansicht

Innenansicht

Gemeindeportal Südfassade

Das erneuerte, stichbogenartige Nadelholztürblatt wurde mit Z-förmiger, innerer Versteifung gearbeitete. Daran sind neu hergestellte Lang- bzw. Winkelbänder montiert. Es ist kein Beleg für eine Schlossverriegelung an der Putzfläche ablesbar. Die Flächenbeschläge wurden bei der Erneuerung der Tür mit einem Schweißbrenner grob abgetrennt und sinnentleert montiert.

Die tierfigürlichen Darstellungen sind detailreich gearbeitet und können möglicherweise eine Eselin (Bezug zu Jesu Einzug in Jerusalem) und ein Hahn (als Verweis auf die Verleumdung Jesu) darstellen. In der Gestaltung und Ausführung der Querbeschläge erinnern diese an die Flächenbeschläge an den Türen von St. Nikolai in Brandenburg an der Havel.

In der Abbildung (um 1940) ist zu erkennen, dass zwei kreuzförmige Ornamente in Brusthöhe nebeneinander montiert waren. Im Vergleich mit den historischen und den heutigen Abbildungen stellt man fest, dass bei der Erneuerung der Türen die Flächenbeschläge nicht kartiert wurden. Sie wurden untereinander (Priester- und Gemeindeportal) vermischt und sind heute willkürlich angeordnet. Die Eselin und der Hahn waren ursprünglich am Priesterportal verbaut (vgl. Kat. 31). Die auf- und abstrebenden Lilienbeschläge scheinen in dieser Form auf dem Türblatt so nicht montiert gewesen zu sein. Beide Portale müssen als gemeinsame Aussage gelesen werden. Durch diese massiven Eingriffe haben sie ihre Aussagekraft verloren.

Datierung
... zur Kirche
Saalbau: Anfang 13. Jh.
... zur Tür
Schloss: 19. Jh. (vgl. Goerig, 2010, S. 149, Abb. L123)
Schlüssel: 19. Jh. (vgl. Goerig, 2010, S. 342)
Bänder: 20. Jh. (offensichtlich mit der Erneuerung der Türen entstanden)
Flächenbeschläge: 12.–15. Jh. (vgl. Schmitz, 1905, S. 17, Fig. 15, S. 21, Fig. 23, vgl. ebd. Blatt 13, 32, 39, 46; vgl. auch von Falke 1924, S. 26; vgl. auch Schulmeyer, 1995, S. 145)

Türblatt
Drehrichtung: rechts
Breite: 129 cm
Höhe Türblatt-Bandseite: 178 cm
Höhe Türblatt-Mitte: 203 cm
Stärke: 2,4 cm

Beschläge
Bänder
Bänderart: Lang-, Winkelband
Unterkante Türblatt–Drehpunkt unten: –3 cm
Drehpunkt unten–Drehpunkt oben: 166 cm
Durchmesser Kloben: 3 cm

Schloss
Material: Metall
Breite: 24 cm
Höhe: 18 cm
Tiefe: 3,5 cm
Unterkante Türblatt–Mitte Schlüsseldorn: 93,5 cm

Nägel
Die Beschläge wurden mit bereits erneuerten Nägeln befestigt.

Sonstiges
Sichtfassung
Holz: materialsichtig
Bänder: schwarz
Schloss: schwarz
Flächenbeschläge: materialsichtig

Literatur
Dehio, Georg, 2000
Goerig, Michael, 2010
Schmitz, Wilhelm, 1905
Schulmeyer, Christel, 1995
von Falke, Otto, 1924
https://www.bildindex.de/document/obj20734590?medium=mi02730c01 (Bildausschnitt, entnommen am: 16. 3. 2018)

Flächenbeschlag in der heutigen Anordnung

Ornament als Eselsdarstellung, urspr. war eine Figur auf dem Esel sitzend vorhanden (vgl. Kat. 31)

Ornament als Hahnendarstellung

Dorfkirche Preußnitz

Außenansicht

Innenansicht

Priesterportal Südfassade

Das erneuerte, stichbogige Türblatt wurde mit Z-förmiger innerer Versteifung gearbeitet. Neu hergestellte Langbänder tragen das Türblatt. Ein hölzerner Schubriegel dient dem Verschluss. Die Flächenbeschläge wurden mit einem Schweißbrenner grob abgetrennt. Sie sind bei der Erneuerung der Türen sinnentleert montiert worden (vgl. Kat. 30). Es scheint ursprünglich ein schweres Schloss montiert gewesen zu sein. Die Schließöse befindet sich im Mauerwerk.

Datierung
... zur Kirche
Saalbau: Anfang 13. Jh.
... zur Tür
Bänder: 20. Jh. (offensichtlich mit der Erneuerung der Türen
    entstanden)
Flächenbeschläge: 12.–15. Jh. (vgl. Schmitz, 1905, S. 17,
    Fig. 15, S. 21, Fig.: 23, S. 22 ff., Fig.: 27, ebd. Blatt 23, 24,
    26; vgl. auch Graf, 2016, S. 23 ff., Abb. 3, 19; vgl. auch
    Schulmeyer, 1995, S. 70 ff., 105 ff., Abb. 58, S. 145 ff.,
    Abb. 109 f., Tafel 13, Abb. 37, 39)

Türblatt
Drehrichtung: rechts
Breite: 102 cm
Höhe Türblatt-Bandseite: 186 cm
Höhe Türblatt-Mitte: 195 cm
Stärke: 2,5 cm

Beschläge
Bänder
Bänderart: Langband
Unterkante Türblatt–Drehpunkt unten: 23 cm
Drehpunkt unten–Drehpunkt oben: 145 cm
Durchmesser Kloben: 4 cm

Schloss
Ein hölzerner Riegel aus der Erneuerungszeit dient dem
Verschluss.

Nägel
Die Beschläge wurden vermutlich mit bereits erneuerten
Nägeln befestigt.

Sonstiges
Sichtfassung
Holz: materialsichtig
Bänder: schwarz

Literatur
Dehio, Georg, 2000
Graf, Gerhard, 2016
Schmitz, Wilhelm, 1905
Schulmeyer, Christel, 1995
https://www.bildindex.de/document/obj20734591/
mi08679d11/?part=0 (entnommen am: 16. 3. 2018)

In Abbildung um 1940 ist zu erkennen, dass der markante Mittelgurt heute nicht mehr vorhanden ist. Im Vergleich mit den historischen und den heutigen Abbildungen stellt man fest, dass die Flächenbeschläge bei der Erneuerung der Türen nicht kartiert wurden. Sie wurden untereinander (Priester- und Gemeindeportal) vermischt und sind heute willkürlich angeordnet. Die Eselin und der Hahn waren ursprünglich auf diesem Portal verbaut. Die vermeintlich auf Jesus und die Eselin verweisende Lilienbeschläge waren so nicht am Türblatt montiert. Hier ist ein klarere Verweis auf ein Thema abgebildet. Zum einen deutet der untere Teil auf den Einzug Jesu auf einer Eselin hin. Zum anderen scheint der Hahn im oberen Teil auf die Verleumdung durch Petrus zu verweisen. Weitere aussagekräftige Bilder finden sich im *Marburger Bildarchiv* unter dem Suchbegriff „Preußnitz". Beide Portale müssen als gemeinsame Aussage gelesen werden. Durch diese massiven Eingriffe haben sie ihre Aussagekraft verloren.

Oberer sauber gearbeiteter Flächenbeschlag

Dorfkirche Redekin

Karl Liebknecht Straße
39319 Jerichow/OT Redekin
Katolognummer: 32

Außenansicht

Innenansicht

Priesterportal Südfassade

Das grob gearbeitete Türblatt besteht aus zwei Laubholz-bohlen mit nachträglich aufgesetzten Leisten in Spitz-bogenform. Deutlich lesbar sind Spuren durch die Be-arbeitung mit einer ungespannten Säge und einem Beil auf der Innenseite. Zwei Dreieckslappenbänder (vgl. S. 44 f.) sind schlicht gestaltet und mit kräftigen Nägeln befestigt. Die Türkonstruktion wurde mit einem Sperr-balken gesichert, obwohl kein Einlaufschacht vorhanden ist. Lesbar ist eine ausgearbeitete Ausnehmung zur Auf-nahme eines vmtl. querliegenden Balkenschlosses (vgl. Kat. 42, Entfernung ca. 65 Kilometer; beides in Elbnähe; Baugeschichte ähnlich). Es ist schlossseitig ein großer Schaden durch Axthiebe zu erkennen, der durch die nachträgliche Verleistung teilverdeckt ist.

Datierung

... zur Kirche
Saalbau: um 1200
Turm: um 1200

... zur Tür
Schloss: 19. Jh. (vgl. Goerig, 2010, S. 149)
Schlüsselschild: 19. Jh. (vgl. Goerig, 2010, S. 357, Abb. SW355h)
Bänder: 12.–15. Jh. (vgl. von Falke, 1924, S. XXXI: (Fensterladenband); vgl. auch Schmitz, 1905, Blatt 19)

Türblatt
Drehrichtung: rechts
Breite: 93 cm
Höhe Türblatt-Bandseite: 200 cm
Höhe Türblatt-Mitte: 200 cm
Stärke: 5 cm

Beschläge
Bänder
Bänderart: Dreieckslappenband
Unterkante Türblatt–Drehpunkt unten: 16 cm
Drehpunkt unten–Drehpunkt oben: 138 cm
Durchmesser Kloben: 3 cm

Schloss
Material: Eisen
Breite: 23 cm
Höhe: 13,5 cm
Tiefe: 6 cm
Unterkante Türblatt–Mitte Schlüsseldorn: 90 cm, vormals vmtl. Balkenschloss, Unterkante Türblatt–Mitte Schlüsseldorn 85 cm

Nägel
Die Bänder wurden mit flachen, großköpfigen Nägeln angeschlagen. Zusätzlich wurde ein Halteeisen als Erstbefestigung verwendet (vgl. Anm. 421).

Sonstiges
Sichtfassung
Holz: außen bräunlich, innen materialsichtig
Bänder: materialsichtig
Schloss: materialsichtig

Literatur
Dehio, Georg, 2000
Graf, Gerhard, 2016
Schmitz, Wilhelm, 1905
Schulmeyer, Christel, 1995

Dreieckslappenband mit Krampe als Erstbefestigung

Sägespuren und Ausnehmung für ein ehemaliges Balkenschloss

Dorfkirche Rückersdorf

Dorfstraße 19
03238 Rückersdorf
Katalognummer: 33

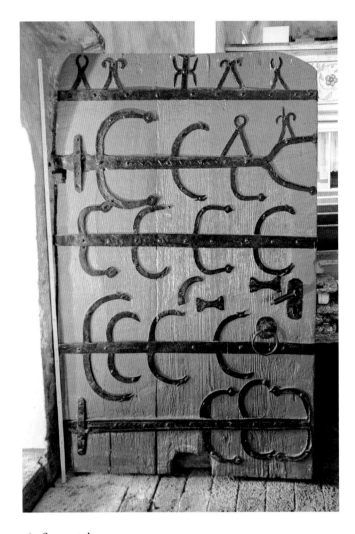

Außenansicht

Innenansicht

Priesterportal Südfassade

Oben ist das dreibohlige, gegratete Nadelholztürblatt unregelmäßig gearbeitet. Es ist mit einfach gestalteten Gratleisten hergestellt und zeigt Spuren der Bearbeitung mit ungespannten Sägen und Abbruchflächen vom Einschnitt der Hölzer (vgl. Kat. 17, S. 115, Abb. rechts). Die Bohlen wurden offenbar mit einer Fremdverzapfung als Weiterentwicklung der Dollenverbindung zusammengefügt (vgl. S. 35). Ein älteres, teilverdecktes Schlüsselloch ist von innen offen und von außen mit Metallblech überdeckt. Das deutet auf das Vorhandensein eines ehe-

maligen Balkenschlosses hin. Zusätzlich existiert eine Sperrbalkenaufnahme im Mauerwerk. Schlossseitig ist ein etwa 10 x 10 Zentimeter großes Loch eingearbeitet. Auf der gegenüberliegenden Seite ist ein Einlegefalz eingearbeitet, der einem Bajonettverschluss ähnlich ist. Zwei, der Länge nach verschweißte Langbänder und drei Gurtbänder mit stumpf angesetzten C-förmigen Ornamenten sind in die Fläche eingelassen. Im oberen Bereich sind Ornamente befestigt, die handwerkliche Symbole darstellen können.

Datierung
... zur Kirche
Saalbau: 14. Jh.
Ersterwähnung Ort: 1234
... zur Tür
Schloss: 19. Jh. (vgl. Goerig, 2010, S. 149)
Schlüsselschild: 19. Jh.
Ziehring: 13.–15. Jh. (vgl. Schmitz, 1905, Blatt 32, 41, 46)
Bänder: 15. Jh. (vgl. Graf, 2016, S. 31)
Flächenbeschläge: 15. Jh. (vgl. Graf, 2016, S. 31)

Türblatt
Drehrichtung: rechts
Breite: 126 cm
Höhe Türblatt-Bandseite: 190 cm
Höhe Türblatt-Mitte: 200 cm
Stärke: 6,5 cm

Beschläge
Bänder
Bänderart: Langband
Unterkante Türblatt–Drehpunkt unten: 21 cm
Drehpunkt unten–Drehpunkt oben: 128,5 cm
Durchmesser Kloben: 3,5 cm

Schloss
Material: Metall
Breite: 18,5 cm
Höhe: 14 cm
Tiefe: 4 cm
Unterkante Türblatt–Mitte Schlüsseldorn: 83 cm, vormals
vmtl. Balkenschloss (Unterkante Türblatt–Mitte Schlüsseldorn
war 80 cm)

Nägel
Auf dem gesamten Türblatt lassen sich weitestgehend
einheitlich, halbrund ausgeformte Nagelköpfe finden.

Sonstiges
Sichtfassung
Holz: außen beige, innen grünlich
Bänder: schwarz
Schloss: schwarz
Flächenbeschläge: schwarz

Literatur
Agthe, Markus, 2017
Goerig, Michael, 2010
Graf, Gerhard, 2016
Schmitz, Wilhelm, 1905

Sperrbalkeneinlegeschacht

Ziseliertes unteres Band

Dorfkirche Schönborn

Hauptstraße 76
03253 Doberlug-Kirchhain OT Schönborn
Katalognummer: 34

Außenansicht

Innenansicht

Sakristeiportal Nordfassade

Das gegratete, rechteckige Türblatt besteht aus mehreren Bohlen. Die Gratleisten wurden offenbar nachbearbeitet. Innen- und außenseitig ist die Türblattoberfläche sauber mit Blech beschlagen und mit zwei- bzw. dreischlägigen Nägeln befestigt. Ein schweres Eisenkastenschloss riegelt in ein, im Mauerwerk montiertes Schließblech ein. Die Flächenbeschläge erscheinen ungeordnet angelegt zu sein. In Augenhöhe ist ein kreisartiges Symbol montiert. Ähnliche Beschläge finden sich auf der Einbaumtruhe in Schönborn (dendro dat. 1196 +/–10d; Agthe, 2017, S. 309). Die Gestalt des Gurtbandes ähnelt dem Beschlag der Truhe Beedenbostel (denro dat. 1184; Albrecht,1997, S. 29.) sowie dem Beschlag an der Kastentruhe Ebstorf (denro dat. 1177; Albrecht, 1997, S. 33).

Datierung
...zur Kirche
Saalbau: 2. Viertel 13. Jh.
Turm: vmtl. noch 13. Jh.
Ersterwähnung Ort: 1234
...zur Tür
Schloss: 18.–19. Jh. (vgl. Weissenberger, 2011, S. 169)
Schlüsselschild: 18. Jh. (vgl. Goerig, 2010, S. 255)
Bänder: 11.–13. Jh. (vgl. mittige Horizontalbeschläge in:
   Schmitz, 1905, S. 18, Fig. 17, S. 20, Fig. 21)
Flächenbeschläge: 11.–13. Jh. (vgl. mittige Horizontal-
   beschläge in: Schmitz, 1905, S. 18, Fig. 17, S. 20, Fig. 21)

Türblatt
Drehrichtung: rechts
Breite: 88 cm
Höhe Türblatt-Bandseite: 184 cm
Höhe Türblatt-Mitte: 184 cm
Stärke: 5 cm

Beschläge
Bänder
Bänderart: Langband
Unterkante Türblatt–Drehpunkt unten: 28 cm
Drehpunkt unten–Drehpunkt oben: 119 cm
Durchmesser Kloben: 4,5 cm

Schloss
Material: Metall
Breite: 25 cm
Höhe: 17 cm
Tiefe: 4,5 cm
Unterkante Türblatt–Mitte Schlüsseldorn: 86,5 cm,
ehem. Balkenschloss teilverdeckt in gleicher Höhe

Nägel
Auf dem Türblatt lassen sich eine Vielzahl verschiedenartiger
Nägel finden.

Sonstiges
Sichtfassung
Holz: grünlich
Bänder: grau
Schloss: grau
Flächenbeschläge: grau

Literatur
Agthe, Markus, 2017
Albrecht, Thorsten, 1997
Goerig, Michael, 2010
Schmitz, Wilhelm, 1905
Schulmeyer, Christel, 1995
Weissenberger, Ulf, 2011

Sonderornament in Augenhöhe

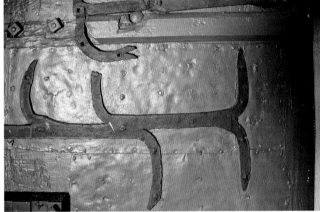

Regelmäßig angeordnete, dreischlägige Nagelköpfe

Dorfkirche Schönborn

Außenansicht

Innenansicht

Priesterportal Südfassade

Das rechteckige, mit drei flächenbündigen Gratleisten zusammengefügte Laubholztürblatt besteht aus drei Bohlen. Es weist sauber gesägte Bohlen und ordentlich ausgearbeitete Ausnehmung für ein Balkenschloss innenseitig auf. An zwei Langbändern ist das Türblatt angeschlagen. Zum besseren Halt ist eine Krampe im Randbereich des Türblattes zum Einsatz gelangt (vgl. Kat. 5, 22, 32, vgl. auch Anm. 421). Durch einen Farbabdruck sind Umrisse des Schlüsselschildes des einstigen Balkenschlosses erkennbar. In der Sakristei befindet sich ein lose liegendes Balkenschloss ähnlicher Größe. Innenseitig findet sich ein aufgenageltes Eisenblech mit interessant gearbeiteten dreischlägigen Nagelköpfen. Auf der Außenseite sind sauber gearbeitete, ziselierte Beschläge flächenbündig eingelassen. Im oberen Bereich sind die Gurtbänder interessant gestaltet. Die Handhabe ist als Ziehring auf gelochter Grundplatte gearbeitet.

Datierung

... zur Kirche
Saalbau: 2. Viertel 13. Jh.
Turm: vmtl. noch 13. Jh.
Ersterwähnung Ort: 1234

... zur Tür
Schloss: 19. Jh. (vgl. Goerig, 2010, S. 149)
Schlüsselschild: 19. Jh.
Schlüssel: 19. Jh. (vgl. Goerig, 2010, S. 342)
Ziehring: 13.–15. Jh. (vgl. Schmitz, 1905, Blatt 32, 41, 46)
Bänder: 11.–13. Jh. (vgl. mittige Horizontalbeschläge in:
  Schmitz, 1905, S. 18, Fig. 17, S. 20, Fig. 21)
Flächenbeschläge: 11.–13. Jh. (vgl. mittige Horizontalbeschläge
  in: Schmitz, 1905, S. 18, Fig. 17, S. 20, Fig. 21)

Türblatt
Drehrichtung: rechts
Breite: 104 cm
Höhe Türblatt-Bandseite: 247 cm
Höhe Türblatt-Mitte: 247 cm
Stärke: 4,5–6,5 cm

Beschläge
Bänder
Bänderart: Langband
Unterkante Türblatt–Drehpunkt unten: 34,5 cm
Drehpunkt unten–Drehpunkt oben: 167 cm
Durchmesser Kloben: 4 cm

Schloss
Material: Metall
Breite: 27,5 cm
Höhe: 19,5 cm
Tiefe: 4, 5 cm
Unterkante Türblatt–Mitte Schlüsseldorn: 91,5 cm,
altes Schlüsselloch vmtl. von Balkenschloss (B/H: 23,5/
45,5 cm) zugesetzt

Nägel
Auf der gesamten Tür lassen sich verschiedenartig gearbeitete
Nägel finden.

Sonstiges
Sichtfassung
Holz: grünlich
Bänder: grau
Schloss: grau
Flächenbeschläge: grau

Literatur
Agthe, Markus, 2017
Goerig, Michael, 2010
Schmitz, Wilhelm, 1905

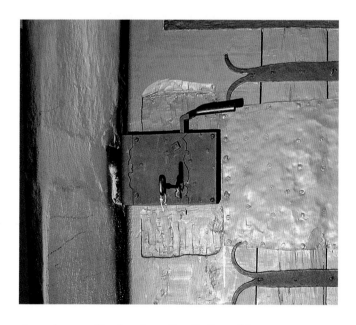

Ausnehmung für das ehemalige Balkenschloss

*Zugesetztes Schlüsselloch und
Schlüsselschildform im Streiflicht*

Dorfkirche Schönborn

Außenansicht

Innenansicht

Westportal Südfassade

Das grob gegratete, stichbogige, vernagelte Türblatt besteht aus vier Nadelholzbohlen mit Spalt- und Hobelspuren. Am Türblatt finden sich drei schwere, vielfältig gestaltete Langbänder. Ein großes, eisernes Kastenschloss dient dem Verschluss der Tür. Der Umriss eines Schlüsselschildes des ehemaligen Balkenschlosses mit zugesetztem Schlüsselloch setzt sich ab. Weiterhin sind auch Abdrücke quadratischer Grundplatte auf der gesamten

Türfläche auszumachen. Die Beschläge sind ziseliert und mit Punzierungen versehen. Eine Stempelsignatur „AB" ist an den Bändern mehrfach eingebracht. Die Flächenbeschläge sind schlangenartig, unten rechts- und oben linksgerichtet, aufstrebend platziert. Im mittleren Bereich befindet sich eine Zone, die T-artig gestaltet ist und von schlangenartigen Ornamenten umgeben wird (vgl. Beschlagaussage Kat. 27).

Datierung

... zur Kirche

Saalbau: 2. Viertel 13. Jh.

Turm: vmtl. noch 13. Jh.

Ersterwähnung Ort: 1234

... zur Tür

Schloss: 19. Jh. (vgl. Goerig, 2010, S. 149)

Schlüsselschild: 19. Jh.

Schlüssel: 19. Jh. (vgl. Goerig, 2010, S. 342)

Bänder: 11.–13.Jh. (vgl. mittige Horizontalbeschläge in: Schmitz, 1905, S. 18, Fig. 17, S. 20, Fig. 21)

Flächenbeschläge: 11.–13. Jh. (vgl. mittige Horizontalbeschläge in: Schmitz, 1905, S. 18, Fig. 17, S. 20, Fig. 21)

Türblatt

Drehrichtung: links

Breite: ca. 138 cm

Höhe Türblatt-Bandseite: 188 cm

Höhe Türblatt-Mitte: 210 cm

Stärke: 3,5 cm

Beschläge

Bänder

Bänderart: Langband

Unterkante Türblatt–Drehpunkt unten: 32 cm

Drehpunkt unten–Drehpunkt oben: 65/136,5 cm

Durchmesser Kloben: 4 cm

Schloss

Material: Metall

Breite: 30 cm

Höhe: 20 cm

Tiefe: 4,5 cm

Unterkante Türblatt–Mitte Schlüsseldorn: 94 cm, vormals Balkenschloss in gleicher Höhe

Nägel

Auf der gesamten Tür lassen sich verschiedenartig gearbeitete Nägel finden.

Sonstiges

Sichtfassung

Holz: grünlich

Bänder: grau

Schloss: grau

Flächenbeschläge: grau

Literatur

Agthe, Markus, 2017

Goerig, Michael, 2010

Schmitz, Wilhelm, 1905

Offenes, älteres Schlüsselloch und Schlüsselschildform im Streiflicht

Kegelartig ausgeformte Nagelköpfe zur Bandbefestigung

Dorfkirche Steinkirchen

Steinkirchener Dorfstraße 22
19507 Lübben OT Steinkirchen
Katalognummer: 37

Außenansicht (Zusammenstellung der geöffneten Tür)

Innenansicht

Hauptportal Südfassade

Hier handelt es ich um ein zweiflügeliges, asymmetrisch geteiltes, insgesamt fünfbohliges, vermutlich gegratetes Türblatt aus Eichenholz, das Spuren der Bearbeitung mit einer ungespannten Säge zeigt. Oberhalb ist, mit angestückelten Brettern neueren Datums eine Spitzbogenform gestaltet. Innenseitig wurde die Türblattfläche vermutlich Ende des 20. Jh. aufgedoppelt. Die Bänder sind bei Umbaumaßnahmen versetzt worden. Ihre ursprüngliche Position ist durch Abwitterungen im Streiflicht gut erkennbar. Viele Verluste von Beschlagteilen sind vmtl. mit dem Tiefersetzten der Tür einhergegangen. Bänder und Flächenbeschläge weisen unterschiedliche Qualitäten auf.

Datierung
... zur Kirche
Saalbau: 1200 bis 1250
Turm: 17. Jh.
Ersterwähnung Ort: 1396
... zur Tür
Bänder: 13.–15. Jh. (vgl. Schmitz, 1905, Blatt 44, 45, 46, 49, 57; vgl. auch von Falke, 1924, S. 25, 26, 85; vgl. auch Graf, 2016, S. 26, Abb. 7, 19)
Flächenbeschläge: 14. Jh. (vgl. Agthe 2017, S. 318, Abb. 669, ähnliche Beschläge auf Truhe in Steinsdorf; vgl. auch Kat. 6, 7)

Türblatt
Drehrichtung: vmtl. links
Breite: 173 cm
Höhe Türblatt-Bandseite: 262 cm
Höhe Türblatt-Mitte: 337 cm
Stärke: 4–5,5 cm

Beschläge
Bänder
Bänderart: Langbänder
Unterkante Türblatt–Drehpunkt unten: 73,5 cm
Drehpunkt unten–Drehpunkt oben: 188 cm
Durchmesser Kloben: 4 cm

Nägel
Unterschiedlich große Nagelköpfe lassen sich auf den Bändern und an den C-förmigen Elementen ausmachen.

Sonstiges
Sichtfassung
Holz: materialsichtig
Bänder: materialsichtig
Flächenbeschläge: materialsichtig

Literatur
Agthe, Markus, 2017
Graf, Gerhard, 2016
Schmitz, Wilhelm, 1905
von Falke, Otto, 1924

C-förmige Ornamente unter zisieliertem Gurtband

Versetzte Beschlaganordnung mit Verlusten im Streiflicht

Dorfkirche Stöbritz

Außenansicht

Innenansicht

Priesterportal Nordfassade

Bei dem mit Dollen und Wechselfalz gefügten zweibohligen Eichenholztürblatt wurde versucht die Brettfläche nachträglich mit aufgenagelten Ästen aus Eschen- oder Kastanienholz zu stabilisieren. Das Türblatt zeigt Werkzeugspuren durch die Bearbeitung vom Spalten und einer ungespannten Säge. Die Langbänder sind als Gabelband mit Spaltung gearbeitet, aufwändig mit lilienartigen Ornamenten gestaltet und ordentlich flächenbündig eingelassen. Ein Balkenschloss war für den Verschluss vorgesehen und wurde mit schweren Nägeln am Türblatt befestigt. Auf der entgegengesetzten Seite sind großköpfige Nägel zur Abdeckung der umgelegten Schlossnägel verwendet worden. Das Schlüsselschild mit großem Schlüsselloch ist als Sonne mit Strahlen gestaltet und wird von einem Abdeckblech überdeckt. Die gelochte, blütenartig gestaltete Grundplatte des Ziehrings ist mit rötlichem Stoff unterlegt. Es handelt sich bei dem Türblatt insgesamt um eine anspruchsvolle Arbeit.

Datierung

...zur Kirche
Saalbau: Anfang 15. Jh.
Turm: Anfang 15. Jh.
Ersterwähnung Ort: 1385

...zur Tür
Schloss: 15. Jh. (vgl. Weissenberger, 2011, S. 93, Abb. 0125;
    vgl. auch Goerig, 2010, S. 230, Abb. SW7)
Schlüsselschild: 13.–15. Jh. (vgl. Schmitz, 1905, Blatt 32 f.)
Ziehring: 13.–15. Jh. (vgl. Schmitz, 1905, Blatt 32, 41, 46)
Bänder: 13.–15. Jh. (vgl. Schmitz, 1905, Blatt 44, 45, 46, 49,
    57; vgl. auch von Falke, 1924, S. 25, 26, 85; vgl. auch
    Graf, 2016, S. 26, Abb. 7, 19)
Flächenbeschläge: 13.–15.Jh. (vgl. Schmitz, 1905, Blatt 44, 45,
    46, 49, 57; vgl. auch von Falke, 1924, S. 25, 26, 85;
    vgl. auch Graf, 2016, S. 26, Abb. 7, 19)

Türblatt
Drehrichtung: links
Breite: 107,5 cm
Höhe Türblatt-Bandseite: 188 cm
Höhe Türblatt-Mitte: 197 cm
Stärke: 5,5 cm

Beschläge
Bänder
Bänderart: Gabelband
Unterkante Türblatt–Drehpunkt unten: 39 cm
Drehpunkt unten–Drehpunkt oben: 111 cm
Durchmesser Kloben: 3,5 cm

Schloss
Material: Holz
Breite: 18 cm
Höhe: 47,5 cm
Tiefe: 14,5 cm
Unterkante Türblatt–Mitte Schlüsseldorn: 99,5 cm

Nägel
Unterschiedliche, dem Beschlag zugeordnete Nagelkopfformen
finden an allen Beschlagteilen ihren Platz. Ein besonderes Au-
genmerk kann man auf die vier Abdecknägel der Schlossnägel
und die Nägel der Sonnenstrahlen legen.

Sonstiges
Sichtfassung
Holz: geölt
Bänder: grau
Schloss: geölt; Gurtbänder des Schlosses ohne Farb-
beschichtung
Flächenbeschläge: grau

Literatur
Agthe, Markus, 2017
Graf, Gerhard, 2016
Schmitz, Wilhelm, 1905
Weissenberger, Ulf, 2011
von Falke, Otto, 1924

Wechselfuge an der oberen Kante

*Schlüsselschild als Sonne mit Abdecknägeln der
Schlossbefestigung*

Außenansicht

Innenansicht

Gemeindeportal Nordfassade

Das oberhalb unregelmäßig ausgeformte Türblatt besteht aus zwei Laubholzbohlen. Auf der Fläche zeigen sich Spuren vom Spalten und der Bearbeitung mit einer ungespannten Säge.

Es handelt sich um ein mit Dollen und Wechselfalz gefügtes Türblatt ohne Querversteifungen aus Holz. Dafür sind Langbänder mit Dreicksbandansatz als Gabelbänder mit Spaltungen über die gesamte Tür-

breite verwendet worden. Sie umspannen das Türblatt vollständig und sind über die Schmalseite bis auf die entgegengesetzte Türblattseite geführt. Am oberen Band ist der Riss des Anschlägers zum Ansetzen der Bänder erhalten geblieben. Innenseitig ist mittig ein zusätzlicher Gurt angelegt worden. Ein Halbsperrbalken mit Überwurf dient dem Verschluss. Dieser Bereich des Türblattes wurde mit Eisengurt und Blechauflage verstärkt.

Datierung

...zur Kirche
Saalbau: Anfang 15. Jh.
Turm: Anfang 15. Jh.
Ersterwähnung Ort: 1385

...zur Tür
Bänder: 14.–15. Jh. (vgl. Schmitz, 1905, Blatt 55,
vgl. auch Kat. 18)

Türblatt
Drehrichtung: links
Breite: 109 cm
Höhe Türblatt-Bandseite: 174 cm
Höhe Türblatt-Mitte: 186 cm
Stärke: 6 cm

Beschläge
Bänder
Bänderart: Gabelband
Unterkante Türblatt–Drehpunkt unten: 43 cm
Drehpunkt unten–Drehpunkt oben: 127 cm
Durchmesser Kloben: 3,5 cm

Schloss
Material: Eicherner, halber Sperrbalken mit Überlegbügel

Nägel
Großköpfige Nägel dienen zur Befestigung der Bänder.
Etwas filigraner sind die Nägel zur Gurt- und Blechbefestigung
gearbeitet.

Sonstiges
Sichtfassung
Holz: materialsichtig
Bänder: grau
Schloss: Sperrbalken
Flächenbeschläge: grau

Literatur
Agthe, Markus, 2017
Schmitz, Wilhelm, 1905

*Inneres, gespaltenes Gabelband mit Nietbefestigung (oben);
Abdeckblech mit Gurten zum Schutz des Sperrbalkens
(unten)*

*Äußeres Dreieckslappenband mit Nietbefestigung und
Verschweißung*

Dorfkirche Trebbus

Außenansicht

Innenansicht

Sakristeiportal Nordfassade

Hier handelt es sich um ein grob gegratetes, mit Wechselfalz gefügtes, oberhalb unregelmäßig geformtes Türblatt aus gespaltenem, gesägtem und mit einem Schrubbhobel bearbeitetem Laubholz. Ein Abbruchschaden im unteren Schlossbereich wurde mit einem aufgenagelten Brett verschlossen. Sichtbar sind mehrere Angriffsspuren einer Axt in Höhe des Schlosses, die einen Aufbruchversuch bezeugen. Das Türblatt ist mit grob, offenbar zweitverwendeten Langbändern angeschlagen, wobei die Kloben ungewöhnlicherweise inmitten der Türkonstruktion

liegen. Weitere zweitverwendete, ziselierte Beschlagteile sind innenseitig über die Fuge der beiden Bohlen genagelt. Der Verschluss wird über ein nachgerüstetes eisernes Kastenschloss realisiert. Vier große Nagellöcher und ein großer verschlossener Schlüssellochdurchbruch weisen auf das vormals montierte Balkenschloss hin (vgl. auch in: Bergau, 1885, S. 759, Hinweis auf „Drei Kastenschlösser aus Holz", vmtl. auch an dieser Tür). Außenseitig befindet sich ein tordierter Ziehring in schlichter Öse als Handhabe.

Datierung
... zur Kirche
Saalbau: 2. Hälfte 13. Jh.
Turm: 2. Hälfte 13. Jh.
Ersterwähnung Ort: 1307
... zur Tür
Schloss: 19. Jh. (vgl. Goerig, 2010, S. 149)
Schlüsselschild: 19. Jh.
Ziehring: 13.–15. Jh. (vgl. Schmitz, 1905, Blatt 32, 41, 46)

Türblatt
Drehrichtung: rechts
Breite: 98 cm
Höhe Türblatt-Bandseite: 160 cm
Höhe Türblatt-Mitte: 185 cm
Stärke: 4,5 cm

Beschläge
Bänder
Art: Langband
Unterkante Türblatt–Drehpunkt unten: 21 cm
Drehpunkt unten–Drehpunkt oben: 111,5cm
Durchmesser Kloben: 2,5 cm

Schloss
Material: Metall
Breite: 16 cm
Höhe: 13 cm
Tiefe: 3,5 cm
Unterkante Türblatt–Mitte Schlüsseldorn: 76 cm,
vormals vmtl. Balkenschloss Unterkante Türblatt–Mitte
Schlüsseldorn 74,5 cm

Nägel
Kleinköpfige, unregelmäßig gearbeitete Nägel wurden zum
Anschlagen der Bänder verwendet.

Sonstiges
Sichtfassung
Holz: innen grünlich-grau und außen lasierend
beige-bräunlich
Bänder: grünlich-grau
Schloss: grünlich-grau
Flächenbeschläge: grünlich-grau

Literatur
Agthe, Markus, 2017
Bergau, Rudolf, Bd. 2, 1885
Goerig, Michael, 2010
Schmitz, Wilhelm, 1905

Spuren von Axthieben als Aufbruchversuch

Tordierter Ziehring in schlichter Öse

Stadtkirche St. Marien Treuenbrietzen

Großstraße 48
14929 Treuenbrietzen
Katalognummer: 41

Außenansicht

Innenansicht

Portal zum Seitenschiff Südfassade

Das stichbogige Türblatt ist mit einer bemerkenswert ausgeführten Wechselfalzfuge als gegratetes Türblatt aus Nadelholz gearbeitet (vgl. S. 36). Man erkennt Spuren vom Spalten und Sägen mit einer ungespannten Säge. Auffällig ist die korrekt ausgeführte Gratung von der Schloss- zur Bandseite mit eichernen Gratleisten in einem, vermutlich kiefernen Türblatt (Anm. 308). Ein Balkenschloss mit Sägespuren und Beilspuren dient dem Verschluss. Reste eines Schlüsselschildes mit großer Lo-

chung sind auf der gegenüberliegenden Seite vorhanden. Die Bänder sind als Langbänder mit abgesetzten, formschönen Blattendungen hergestellt worden. Zwei blechartige Gurtbänder mit angesetzten C-förmigen Ringen wurden ohne statische Funktion auf das Türblatt gesetzt. Ein filigran gearbeiteter Griffring in einer gestalteten Öse ohne Grundplatte ist außenseitig montiert.

Datierung
... zur Kirche
Saalbau: um 1220
Turm: 1452
Ersterwähnung Ort: vmtl. 1290, 1324
... zur Tür
Schloss: 15.–16. Jh. (vgl. Goerig, 2010, S. 56, 172, 209, 230, 232; vgl. auch Weissenberger, 2011, S. 93, 142, 156)
Ziehring: 15. Jh. (vgl. Schmitz, 1905, Blatt 66)
Bänder: 15. Jh. (vgl. Graf, 2016, S. 30 ff., Abb. 16; vgl. auch Schmitz, 1905, S. 24 f., Fig. 34)
Flächenbeschläge: 12.–13. Jh. (vgl. Ornamentik bei: von Falke, 1924, S. 26, 28; vgl. auch Kreis- und Bandornamente bei Schmitz, 1905, S. 17, Fig. 14; vgl. auch Schulmeyer, 1995, S. 124, 140 f., 144; vgl. auch Graf, 2016, S. 24)

Türblatt
Drehrichtung: rechts
Breite: 98 cm
Höhe Türblatt-Bandseite: 194 cm
Höhe Türblatt-Mitte: 216,5 cm
Stärke: 6 cm

Beschläge
Bänder
Bänderart: Langband
Unterkante Türblatt–Drehpunkt unten: 32,5 cm
Drehpunkt unten–Drehpunkt oben: 140,5 cm
Durchmesser Kloben: 2,5 cm

Schloss
Material: Holz/Eiche
Breite: 17,5 cm
Höhe: 31 cm
Tiefe: 10 cm
Unterkante Türblatt–Mitte Schlüsseldorn: 89,5 cm

Nägel
Die Nägel haben mittelgroße Köpfe und wurden bereits erneuert.

Sonstiges
Sichtfassung
Holz: hellgrau lasiert
Bänder: materialsichtig
Schloss: materialsichtig
Flächenbeschläge: materialsichtig

Literatur
Dehio, Georg, 2000
Goerig, Michael, 2010
Graf, Gerhard, 2016
Schmitz, Wilhelm, 1905
Schulmeyer, Christel, 1995
von Falke, Otto, 1924
Weisenberger, Ulf, 2011

Schlossbereich mit Ziehring, Schlüsselschild und Blechapplikationen

Balkenschloss ohne Stulpblech

Dorfkirche Vielbaum

Kirchweg 21
39615 Krüden
Katalognummer: 42

Außenansicht

Innenansicht

Priesterportal Südfassade

Das massive, nicht geratete Türblatt besteht aus einer ca. 11 Zentimeter starken, beeindruckenden Eichenholzbohle von beinahe einem Meter Breite. Möglicherweise wurde das schlossseitige Beiholz aufgrund eines Produktionsfehlers nachträglich, beim Anschlagen, angesetzt. Es wurde mit mehreren Dollen zum Türblatt hin vernagelt. Daraufhin wurde vermutlich das Schloss ebenfalls um 6 Zentimeter versetzt, was zur Folge hatte, dass die zwei Schlüssellöcher mit annähernd gleichem Versatz entstan-

den sind. Ein quer angelegtes, großes Balkenschloss dient dem Verschluss. Besondere Aufmerksamkeit verdient das dreieckförmige Schlüsselschild mit unterem kreisförmigen Ansatz. Zusätzlich wurde ein Halbsperrbalken mit Metallbeschlag als weiteres Sicherungselement eingesetzt.

Das eingelassene Langband ist als Gabelband gearbeitet. Es wurde mit angeschweißten C-förmigen, schlangenköpfigen Endungen gestaltet und mit einer Krampe (vgl. Anm. 421) im Randbereich zusätzlich gesichert.

Datierung

... zur Kirche

Saalbau: Ende 12. Jh.

Turm: Anfang 16. Jh.

Ersterwähnung Ort: 1207

... zur Tür

Schloss: vmtl. 12.–14. Jh., gem. Bänder und Schlüsselschild
(vgl. jedoch hierzu Goerig, 2010, S. 231;
vgl. auch Weissenberger, 2011, S. 219, Abb. 0130 f.)

Schlüsselschild: 13.–14. Jh. (vgl. Schmitz, 1905, Blatt 32;
vgl. auch Goerig, 2010, S. 163, Abb. F18)

Bänder: 12.–13. Jh. (vgl. Graf, 2016, S. 25 ff. und
Abb. 5 f.; vgl. auch Schmitz, 1905, Blatt 13 f., S. 17 ff.)

Türblatt

Drehrichtung: rechts

Breite: 96 cm

Höhe Türblatt-Bandseite: 202,5 cm

Höhe Türblatt-Mitte: 202,5 cm

Stärke: 8,5 cm

Beschläge

Bänder

Bänderart: Gabelband

Unterkante Türblatt–Drehpunkt unten: 40 cm

Drehpunkt unten–Drehpunkt oben: 121 cm

Durchmesser Kloben: 3 cm

Schloss

Material: Holz

Breite: 61 cm

Höhe: 20 cm

Tiefe: 10 cm

Unterkante Türblatt–Mitte Schlüsseldorn: 87 cm

Nägel

Es lassen sich unterschiedliche Nagelkopfformen am Türblatt
finden. Aufmersamkeit verdient der diamantkopfartige Nagel
am Schloss hinten. Ein ähnliches Exemplar findet sich an der
Tür von St. Gotthardt zu Brandenburg (Kat. 3) als Fitschenstift.

Sonstiges

Sichtfassung

Holz: rotbraun

Bänder: schwarz

Schloss: Holz rotbraun; Metall schwarz

Flächenbeschläge: schwarz

Literatur

Dehio, Georg, 1975

Goerig, Michael, 2010

Graf, Gerhard, 2016

Schmitz, Wilhelm, 1905

Weisenberger, Ulf, 2011

*Dem Mauerwerk angepasste Türblattfläche mit Langband
und Krampe als Erstbefestigung*

*Schön gestaltetes Schlüsselschild und versetztes, zweites
Schlüsselloch*

Dorfkirche Vielbaum

Kirchweg 21
39615 Krüden
Katalognummer: 43

Außenansicht

Innenansicht

Westportal Südfassade

Die mächtige, gegratete Tür aus zwei Laubholzbohlen ist außen mit einem neuzeitlichen Türblatt des 21. Jh. als Vorsatzschale versehen. Auf der Fläche finden sich Bearbeitungsspuren vom Spalten, Bebeilen und Hobeln. Jede Bohle ist mit drei großköpfigen Nägeln an jeder Gratleiste befestigt. Die Nut mit Fremdfeder scheint mit einem Nuteisen hergestellt worden zu sein (vgl. S. 37 ff., vgl. auch Kat. 3, 4, 8, 10, 19, 30). Der vorhandene, eiserne Schlosskasten scheint unfachmännisch vor Ort zusammengebaut worden zu sein. Möglicherweise ist das Innenleben des Vorgängerschlosses davon überdeckt worden und noch vorhanden.

Datierung
...zur Kirche
Saalbau: Ende 12. Jh.
Turm: Anfang 16. Jh.
Ersterwähnung Ort: 1207

Türblatt
Drehrichtung: rechts
Breite: 122 cm
Höhe Türblatt-Bandseite: 212 cm
Höhe Türblatt-Mitte: 212 cm
Stärke: 6,5 cm

Beschläge
Bänder
Bänderart: Gabelband als Langband
Unterkante Türblatt–Drehpunkt unten: 24 cm
Drehpunkt unten–Drehpunkt oben: 132,5 cm
Durchmesser Kloben: 2,2 cm

Schloss
Material: Metall
Breite: 34,5 cm
Höhe: 16 cm
Tiefe: 40 cm
Unterkante Türblatt–Mitte Schlüsseldorn: 82 cm

Nägel
Schwere Nägel fanden ihren Einsatz zum Anbringen der Bänder
an die Querleiste. Die umgelegten Nägel des langen Bandlappens sind über die gesamte Fläche unter der Gratleiste zu
erkennen.

Sonstiges
Sichtfassung
Holz: braun
Bänder: braun
Schloss: braun
Flächenbeschläge: braun

Literatur
Dehio, Georg, 1975

Genagelte Gratleiste mit schlichtem Gabelband; dort: als Langband (weiterführende Vernagelung)

Dorfkirche Waltersdorf

Außenansicht

Innenansicht

Solitärportal Südfassade

Die dreibohlige, durch Gurtbänder verbundene Tür, ist aus wiederverwendeten, bebeilten und gesägten Eichenbohlen hergestellt. Im oberen Bereich zeigen die giebelartig ausgeformtem Einzelbohlen Palisadencharakter. Auf der Fläche sind deutlich erkennbare Ausnehmungen und regelmäßig angeordnete, markante Bohrungen mit ca. 3 Zentimeter Durchmesser vorhanden. Die Nuten mit Fremdfeder wurden mit einem Nuteisen eingearbeitet (vgl. Kat. 3, 4, 8, 10, 19, 43; S. 37 ff.). Die eselrü-

ckenartig ausgearbeiteten Langbänder überspannen die gesamte Breite der Tür und zeigen sich kräftig ziseliert. Durch drei, ebenfalls stark ziselierte Hauptgurte mit regelmäßig ausgeführter Doppelnagelung und mehreren Nebengurten wird die Konstruktion gestützt. Nagelmarken und Abdrücke kennzeichnen die Lage des ehemaligen Balkenschlosses. Im Streiflicht erkennt man auf der Außenseite die markante, wappenartige Form des Schlüsselschildes. Als Schließblech ist ein massives schmiedeeiserenes Bauteil am Mauerwerk vorhanden. Bei anderen Türen war es auf der Türblattfläche montiert um Angriffsversuche auf den Schlossriegel zu erschweren. Zusätzlich kam ein Sperrbalken zum Einsatz, der in einen mit Holz ausgeschlagenen Sturzbrett eingeschoben werden konnte. Als Handhabe ist ein filigraner Ziehring in schlichter Öse auf der stark abgewitterten Fläche vorhanden, die durch Lilienornamente gestaltet ist.

Datierung
... zur Kirche
Saalbau 15. Jh.

Türblatt
Drehrichtung: rechts
Breite: 133 cm
Höhe Türblatt-Bandseite: 227 cm
Höhe Türblatt-Mitte: 246 cm
Stärke: 4,5 cm

Beschläge
Bänder
Bänderart: Langband
Unterkante Türblatt–Drehpunkt unten: 22 cm
Drehpunkt unten–Drehpunkt oben: 121 cm
Durchmesser Kloben: 3 cm

Schloss
Material: Eisen
Breite: 170 cm
Höhe: 145 cm
Tiefe: 45 cm
ehem. Balkenschloss
Unterkante Türblatt–Mitte Schlüsseldorn: 104 cm

Nägel
Die Beschläge sind mit großköpfigen Nägeln angeschlagen.

Sonstiges
Sichtfassung
Holz: materialsichtig
Bänder: materialsichtig
Flächenbeschläge: materialsichtig

Literatur
Dehio, Georg, 2012

Ausnehmungen oben und unten mit regelmäßig angeordneten Löchern (Zweitverwendung)

Gut sichtbarer, wappenförmiger Abdruck vom Schlüsselschild des Balkenschlosses

Dorfkirche Werenzhain

Werenzhainer Hauptstraße 75
03253 Doberlug-Kirchhain OT Werenzhain
Katalognummer: 45

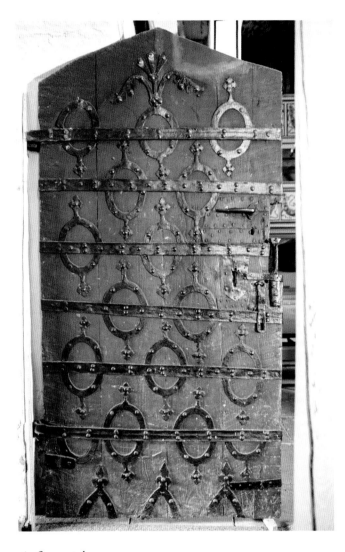

Außenansicht

Innenansicht

Priesterportal Südfassade

Das Türblatt besteht aus vier Nadelholzbohlen mit groben Spuren durch die Bearbeitung mit einer ungespannten Säge. Zur Stabilisierung sind querliegende Leisten stumpf in die Fläche eingelassen worden und mit Nägeln von innen nach außen an den Bohlen befestigt. Ein neuzeitliches Kastenschloss dient dem Verschluss. Aufgrund der großen Zusetzung im Schlossbereich kann davon ausgegangen werden, dass hier ein Balkenschloss montiert war. Die Einlauföse des Riegels befindet sich im Mauerwerk. Beide, als Gabelband eselrückenartig geschmiedete Schwalbenschwanzbänder und vier türblattumgreifende Eisengurte stabilisieren die Konstruktion zusätzlich. Als weiteres Sicherungselement ist am Türblatt ein Stegblech befestigt, das in eine Mauerwerkstasche eingreift (vgl. S. 54 f.).

Datierung
... zur Kirche
Saalbau: Mitte 13. Jh.
Turm: Mitte 13. Jh.
Ersterwähnung Ort: 1234
... zur Tür
Schloss: 19. Jh. (vgl. Goerig, 2010, S. 149)
Schlüsselschild: 13.–14. Jh. (vgl. Goerig, 2010, S. 163;
 vgl. auch Schmitz, 1905, Blatt 32)
Bänder: 13.–15. Jh. (vgl. Schmitz, 1905, Blatt 36 f.;
 vgl. auch von Falke, 1924, S. 26)
Flächenbeschläge: 13.–15. Jh. (vgl. Schmitz, 1905, Blatt 36 f.;
 vgl. auch von Falke, 1924, S. 26)

Türblatt
Drehrichtung: rechts
Breite: 113 cm
Höhe Türblatt-Bandseite: 199 cm
Höhe Türblatt-Mitte: 220,5 cm
Stärke: 4–6 cm

Beschläge
Bänder
Bänderart: Gabelband in Schwalbenschwanzform
Unterkante Türblatt–Drehpunkt unten: 38 cm
Drehpunkt unten–Drehpunkt oben: 133,5 cm
Durchmesser Kloben: 4,5 cm

Schloss
Material: Metall
Breite: 13 cm
Höhe: 14,5 cm
Tiefe: 4 cm
Unterkante Türblatt–Mitte Schlüsseldorn: 137 cm,
vormals vmtl. Balkenschloss (Unterkante Türblatt–Mitte
Schlüsseldorn 112 cm); Schlüsselschild vorhanden

Nägel
Die Flächenbeschläge sind mit angesetzten Ornamenten und
vielen markanten Nägeln reich ausgeführt. Auffallend ist die
symetrisch ausgeführte Nagelweise an Bändern und Gurten als
Zwillingsnagelung mit Zwischennagel. Neben der Befestigung
dienen sie der Zierde (vgl. Kat. 20).

Sonstiges
Sichtfassung
Holz: innen- und außen rotbraun
Bänder: schwarz
Schloss: materialsichtig
Flächenbeschläge: schwarz

Literatur
Agthe, Markus, 2017
Goerig, Michael, 2010
Schmitz, Wilhelm, 1905
von Falke, Otto, 1924

Zwillingsvernagelung mit Zwischennagel an den Gurten

Stegblech als Angriffsschutz auf den Riegel

Dorfkirche Werenzhain

Werenzhainer Hauptstraße 75
03253 Doberlug-Kirchhain OT Werenzhain
Katalognummer: 46

Außenansicht

Innenansicht

Gemeindeportal Südfassade

Das mit stumpf eingelassenen Querleisten vernagelte Türblatt besteht aus vier Nadelholzbohlen mit groben Spuren durch die Bearbeitung mit einer ungespannten Säge. Es sind zwei, als Gabelband gearbeitete, eselrückenartig geschmiedete Schwalbenschwanzbänder verbaut (vgl. Kat. 8). Sieben weitere Eisengurte mit untergeschobenen, im oberen Bereich zur Lilienform geschmiedeten Zackenornamenten sind türblattumgreifend gearbeitet. Ein Sperrbalken dient dem Verschluss dieser Tür. Er kann in voller Tiefe in den Einlaufschacht im Mauerwerk eingeschoben werden. Ein Metallblech – ähnlich der Schlüsselschildform der Priesterpforte – ist unter einem darüberliegenden Gurt am Türblatt befestigt. Es soll den dahinterliegenden Sperrbalken schützen. Die Flächenbeschläge sind gleichartig hergestellt und regelmäßig über die gesamte Fläche verteilt.

Datierung

... zur Kirche
Saalbau: Mitte 13. Jh.
Turm: Mitte 13. Jh.
Ersterwähnung Ort: 1234

... zur Tür
Schlüsselschild: Vgl. Form des Schutzbleches in Goerig, 2010,
    S. 163; vgl. auch Schmitz, 1905, Blatt 32)
Ziehring: 13.–15. Jh. (vgl. Schmitz, 1905, Blatt 32, 41, 46)
Bänder: 13.–15. Jh. (vgl. Schmitz, 1905, Blatt 36 f.;
    vgl. auch von Falke, 1924, S. 26)
Flächenbeschläge: 13.–15. Jh. (vgl. Schmitz, 1905, Blatt 36 f.;
    vgl. auch von Falke, 1924, S. 26)

Türblatt
Drehrichtung: rechts
Breite: 125 cm
Höhe Türblatt-Bandseite: 202,5 cm
Höhe Türblatt-Mitte: 215 cm
Stärke: 6 cm

Beschläge
Bänder
Bänderart: Gabelband
Unterkante Türblatt–Drehpunkt unten: 42 cm
Drehpunkt unten–Drehpunkt oben: 123 cm
Durchmesser Kloben: 4,5 cm

Nägel
Halbrund ausgeformte Nagelkopfformen dienen der
Befestigung der Bänder, Gurte und Flächenbeschläge.

Sonstiges
Sichtfassung
Holz: innen- und außen rotbraun
Bänder: schwarz
Flächenbeschläge: schwarz

Literatur
Agthe, Markus, 2017
Goerig, Michael, 2010
Schmitz, Wilhelm, 1905
von Falke, Otto, 1924

Verwitterung unterhalb eines Gurtes

Sonderornament in runder Ausführung im oberen Teil

Torhaus Schloß Wiesenburg/Mark

Außenansicht

Innenansicht

Eingangstür zum Turm Torhaus

Die vierbohlige Zugangstür aus gespaltenem Laubholz zum Bergfried befindet sich innerhalb der Burganlage im Torhaus, also in „Sicherheit". Das stichbogig gearbeitete, gegratete Türblatt wird mit einem massiven, langen Schubriegel verschlossen, der mehrmals abgesetzt ist. Somit ist die Schließfunktion „auf" bzw. „zu" klar gekennzeichnet. Es sind zwei Langbänder mit angesetzten, C-förmigen Ornamenten und drachenkopfartig Endungen verbaut. Im oberen Bereich war ein zusätzliches C-Ornament als Abschluss angebracht. Die beiden Gurtbänder sind auffallend massiv und robust, jedoch mit fein gestalteten Ösen am Türblatt angeschlagen. Dabei dienen die Ösen der Aufnahme der Nagelschäfte zur Befestigung.

Datierung
... zur Kirche
Saalbau: um 1200
Ersterwähnung Ort: 1161
... zur Tür
Schloss: 19. Jh. (vgl. Goerig, 2010, S. 149)
Bänder: 12.–13. Jh. (vgl. ähnlicher C-förmiger Beschlag an
    Einbaumtruhe Schönborn (dat. 1196 +/–10d);
    vgl. auch Agthe, 2017, S. 148; vgl. auch Kat. 34)
Flächenbeschläge: 12.–13. Jh. (vgl. Albrecht, 1997, S. 33;
    vgl. auch Schulmeyer, 1995, S. 148 f., 156 f.; vgl. auch
    von Falke, 1924, S. 26, 28; vgl. auch Schmitz, 1905, S. 17,
    Fig. 14, Blatt 23; vgl. auch Graf, 2016, S. 24; vgl. auch
    Kat. 34)

Türblatt
Drehrichtung: links
Breite: 100 cm
Höhe Türblatt-Bandseite: 155 cm
Höhe Türblatt-Mitte: 190 cm
Stärke: 4,5 m

Beschläge
Bänder
Bänderart: Langband
Unterkante Türblatt–Drehpunkt unten: 33 cm
Drehpunkt unten–Drehpunkt oben: 113 cm
Durchmesser Kloben: 2,5 cm

Schloss
Material: Metall
Breite: 17 cm
Höhe: 13 cm
Tiefe: 4,5 cm
Unterkante Türblatt–Mitte Schlüsseldorn: 93 cm

Nägel
Die Nägel sind flachköpfig und wurden offenbar erneuert.

Sonstiges
Sichtfassung
Holz: materialsichtig
Bänder: materialsichtig
Flächenbeschläge: materialsichtig

Literatur
Agthe, Markus, 2017
Albrecht, Thosten, 1997
Dehio, Georg, 2000
Goerig, Michael, 2010
Graf, Gerhard, 2016
Schmitz, Wilhelm, 1905
Schulmeyer, Christel, 1995
von Falke, Otto, 1924

Großer Schubriegel in Einlauföse mit Ansätzen

Endornament an einem C-förmigen Beschlag

Auswahl der verwendeten Fachbegriffe

Dolle

„Dollen sind prismatische oder zylindrische Holzstückchen aus hartem Holz (Eiche, Esche, Ahorn), die mit einer Hälfte ihrer Länge in das eine, mit der anderen Hälfte in das andere der beiden zu verbindenden Holzstücke fest eingetrieben [...] werden. Sie sind von außen her nicht sichtbar". aus: (Böhm, 1911), S.25.

Feder

„Aus Holz hergestellte Leiste, die im Holz- und Möbelbau bei Holzbreitenverbindungen angewendet wird."; aus: (VEB Druckhaus „Maxim Gorki", 1988), S.217.

Fitsche

„Einstemmbänder: Auch Fitschenbänder. Drehbeschläge für Fenster und Türen. Mindestens einer der beiden Lappen ist flach ausgebildet und wird in das Holz gesteckt."; aus: (VEB Druckhaus „Maxim Gorki", 1988), S.182.

Fitschenstift

„Drahtstift mit kreisförmigem Querschnitt. Er wird zur Befestigung der Fitschen verwendet. Im allgemeinen ohne Kopf."; aus: (VEB Druckhaus „Maxim Gorki", 1988), S.238.

Flämisches Band

An einer Bandrolle sind zwei Bandlappen angeschmiedet. Somit entsteht von oben gesehen ein U-förmiges Band mit Rolle. Das Türblatt wird in diesen Schacht geschoben und mit Nägeln oder Nieten untereinander befestigt (vgl. Abb. 46). Diese Art von Bändern bezeichnet man auch als Gabelband; vgl. hierzu: (Ehrenberg, Knoblauch, & Hoffmann, 1843), S.245.

Gabelband

Vgl. Flämisches Band

Holhldornschlüssel

Ein Schlüssel setzt sich im Wesentlichen aus Bart, Dorn – oder Schaft – und Reide zusammen. Man spricht von einem H., wenn im Schaft ein Loch eingearbeitet ist. Der Schlüssel wird über einen nagelartigen Dorn gesteckt, um die Drehbewegung des Schlüssels zu zentrieren.

Kelt

Der K. ist ein Beil, das lange Zeit genutzt wurde. Es besitzt eine langgezogene, schmale Schneide.

Klobsäge

Eine K. ist eine gespannte Säge, die mit einem dünnen Sägeblatt und feiner Zahnteilung ausgestattet ist. Sie wurde benutzt, um Furniere im Sägeverfahren herzustellen (vgl. „Rahmensäge").

Langband

Ein L. besteht aus einer längliche Eisenscheine, an dessen Ende eine Bandrolle angearbeitet ist.

Nut

Eine N. ist eine *„rinnenförmige Vertiefung in Werkstücken aus Holz. Der N.grund kann gerade oder rund sein, die N.wange parallel oder konisch verlaufen."*; aus: (VEB Druckhaus „Maxim Gorki", 1988), S.514.

Nuteisen

Als Nuteisen bezeichnet man ein händisch geführtes Werkzeug, mit dem man Nuten mit gerundetem Grund und konisch verlaufenden Wangen in das Holz einarbeiten kann.

Polter

„Einrichtung auf Rundholzplätzen zum Zwischenlagern und als Arbeitsplatz zum Bearbeiten von Rundholz"; aus: (VEB Druckhaus „Maxim Gorki", 1988), S. 551.

Punzierung

Punzen sind mit Eisenstempeln eingebrachte Muster in Metallen (vgl. Goerig, 2010, S. 82).

Putzen

Als P. bezeichnet man den letzten holzoberflächenveredelnden Arbeitsgang, bei dem mit einem Putzhobel dünne Hobelspäne von der Fläche abgehoben werden.

Putzhobel

Der Putzhobel ist der Hobel, mit dem die Holzoberfläche final durch spanende Bearbeitung geglättet wird.

Quellen

Q. beschreibt die „Zunahme der Abmessungen des Holzes bei Feuchteaufnahme infolge der Einlagerung von Wasser (oder auch anderer Flüssigkeiten) in die Zellwand"; aus: (VEB Druckhaus „Maxim Gorki", 1988), S. 572.

Rahmensäge

Der Begriff Rahmensähe gilt als Überbegriff für große Sägen. „Rahmensägen: Handspannsägen mit Spannsägeblatt und Spannkörper, der als Rahmen – gelenkloser, um das Blatt geschlossener Körper – ausgebildet ist. Man unterscheidet die Rahmenspaltsäge für Längsschnitt (Bretterschnitt, anderer Name: Schwellenstrecksäge) und die Klobsäge für Furnierschnitt"; aus: (VEB Druckhaus „Maxim Gorki", 1988), S. 576.

Rahmenspaltsäge

Die Rahmenspaltsäge gehört der Gruppe der Rahmensägen an und wurde benutzt, um Bretter und Bohlen vom Stamm herunterzuschneiden (vgl. „Rahmensäge").

Reide

Als R. bezeichnet man den Griff am entgegengesetzten Ende des Schlüsselbartes (vgl. Goerig, 2010, S. 82).

Rundholz

Als R. wird Holz bezeichnet, das keiner weiteren Bearbeitung nach dem Ablängen des Stammes unterzogen wurde.

Sägemühle

Sägemühlen sind Holzeinschnittwerke, die früher mühlenartig mit Windkraft oder größtenteils mit Wasserkraft betrieben wurden.

Schlichten

Vgl. Schruppen

Schlichthobel

„Handhobel zum Schlichten gerader, mit dem Schrupphubel grob geebneter Flächen. Der Hobelkasten ist breiter als der des Schrupphobels. Die Schneide ist gerade und nur an den Ecken leicht gerundet"; aus: (VEB Druckhaus „Maxim Gorki", 1988), S. 644.

Schruppen

„Erste Stufe beim spanenden Bearbeiten eines Werkstücks. Der Zweck ist, die Bearbeitung in kürzester Zeit durchzuführen. Beim S. wird kein Wert auf die neu entstandene Werkstückoberfläche gelegt. Ihm folgt das Schlichten, wodurch die gewünschte Werkstückoberfläche hergestellt wird. Hierbei unterscheidet man noch nach der Güte der Oberfläche Schlichten, Feinschlichten, und Feinstschlichten."; aus: (VEB Druckhaus „Maxim Gorki", 1988), S. 661. Das Feinschlichten wird handwerklich mit eine Doppelhobel ausgeführt. Das Feinstschlichten erfolgt schließlich mit dem Putzhobel.

Schrupphobel

Mit diesem Hobel wird einen grob zugerichtete Holzoberfläche hergestellt (vgl. Schruppen).

Schwalbenschwanzband

Diese Bandart weist eine schwalbenschwanzähnliche Ausformung auf, woher der Name abgeleitet sein wird.

Schwellenstrecksäge

Vgl. Rahmensäge.

Schwinden

„Die Verminderung der Abmessungen des Holzes bei Feuchteabgabe. [...] Das S. in den verschiedenen Richtungen des Holzes ist unterschiedlich groß"; aus: (VEB Druckhaus „Maxim Gorki", 1988), S. 670 f.

Spundung

„Bei [...] Brettertüren wendet man gern die S. an. Dabei wird die eine Schmalfläche des Brettes mit einer angehobelten Feder, die andere Schmalfläche mit einer Nut versehen."; aus: (VEB Druckhaus „Maxim Gorki", 1988), S. 700.

Volldornschlüssel

Im Gegensatz zum Hohldornschlüssel ist der Dorn aus Vollmaterial gefertigt und wir in einer Hülse geführt, um die Drehbewegung des Schlüssels zu zentrieren.

Ziehmesser

Als Z. bezeichnet man ein Werkzeug, das zum Glätten von Holzflächen benutzt wurde. Es hat eine lange Schneide mit seitlich angeordneten Griffen. Es wird ziehend über die Werkstückoberfläche geführt.

Zisellierung

Z. sind mit Meißeln und Stempeln in Metall eingearbeitete Muster (vgl. Goerig, 2010, S. 149).